AF283684

COM_A_3002_01. Tramitación de información en línea

María Elena Gordo Agras

COM_A_3002_01. Tramitación de información en línea
© María Elena Gordo Agras

1ª Edición

© IC Editorial, 2026

Editado por: IC Editorial
c/ Cueva de Viera, 2, Local 3
Centro Negocios CADI
29200 Antequera (Málaga)
Teléfono: 952 70 60 04
Fax: 952 84 55 03
Correo electrónico: iceditorial@iceditorial.com
Internet: www.iceditorial.com

ISBN: 979-13-7027-180-0
Depósito Legal: MA 494-2026

Impresión: PODiPrint
Impreso en Andalucía – España

Nota de la editorial: IC Editorial pertenece a Innovación y Cualificación S. L.

Presentación del manual

El **Certificado Profesional,** anteriormente llamado Certificado de Profesionalidad, constituye el Grado C en el Sistema de Formación Profesional, asociado a un perfil profesional. Acredita la capacitación para el desarrollo de una actividad profesional concreta a través de las competencias adquiridas. Tiene carácter parcial y acumulable cuando existan Ciclos Formativos (Grado D) en los que sus módulos profesionales se encuentren contenidos en su totalidad o en parte.

El elemento mínimo acreditable es el **Estándar de Competencia.** La suma de las acreditaciones de los Estándares de Competencia conforma la acreditación del **Módulo Profesional** (Grado B).

Un Estándar de Competencia se define como una agrupación de tareas productivas que realiza el profesional. Los diferentes Estándares de Competencia de un Certificado Profesional conforman la **Competencia General.** Definiendo el conjunto de conocimientos y capacidades que permiten el ejercicio de una actividad profesional determinada.

Cada Estándar o Estándares de Competencia lleva asociado un Módulo Profesional, donde se describe la formación necesaria para adquirir ese Estándar de Competencia, pudiendo dividirse en **Bloques Formativos** (Grado A).

El presente manual desarrolla el Bloque Formativo **COM_A_3002_01. Tramitación de información en línea,**

Perteneciente al Módulo Profesional **COM_B_3002. Aplicaciones básicas de ofimática,**

Asociado al Estándar/Estándares de Competencia:

⇨ **UC0974_1:** Realizar operaciones básicas de tratamiento de datos y textos, y confección de documentación.

del Certificado Profesional **COM_C_001_3B. Actividades auxiliares de almacenaje.**

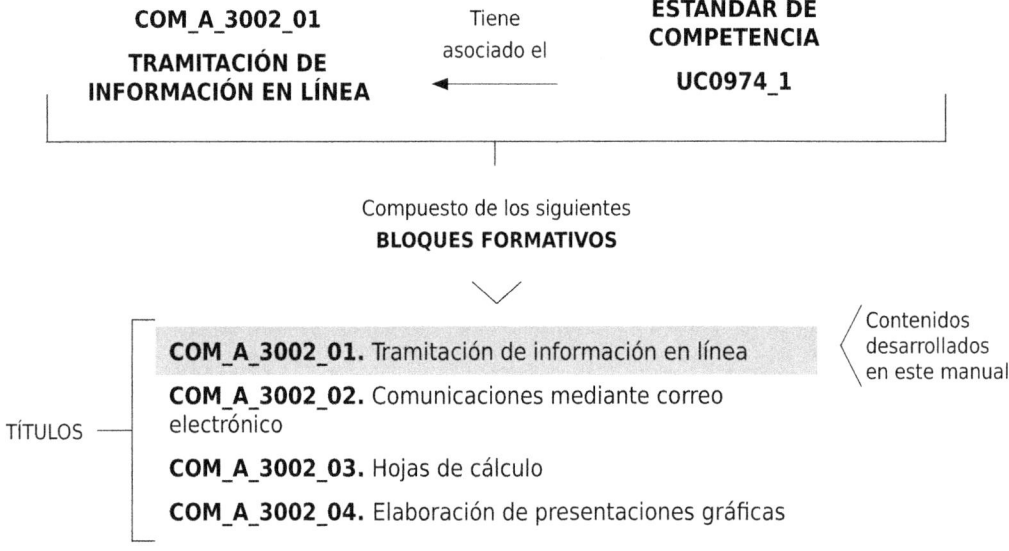

FICHA DE CERTIFICADO PROFESIONAL

COM_C_001_3B. ACTIVIDADES AUXILIARES DE ALMACENAJE
(Real Decreto 212/2025, de 18 de marzo)

COMPETENCIA GENERAL: La competencia general de este certificado profesional consiste en realizar operaciones auxiliares de almacenaje de productos y mercancías, así como las operaciones de tratamiento de datos relacionadas, siguiendo protocolos establecidos, criterios comerciales y de imagen, operando con la calidad indicada, observando las normas de prevención de riesgos laborales y protección medioambiental correspondientes.

Estándares de Competencias Profesionales		Ocupaciones o puestos de trabajo relacionados
UC1325_1	Realizar las operaciones auxiliares de recepción, colocación, mantenimiento y expedición de cargas en el almacén de forma integrada en el equipo.	· Empleados/as de reposición. · Operarios/as de pedidos. · Carretilleros/as de recepción y expedición. · Contadores/as de recepción y expedición. · Operarios/as de logística. · Auxiliares de información.
UC0432_1	Manipular cargas con carretillas elevadoras.	
UC0973_1	Introducir datos y textos en terminales informáticos en condiciones de seguridad, calidad y eficiencia.	
UC0974_1	Realizar operaciones básicas de tratamiento de datos y textos, y confección de documentación.	

Correspondiencia con el Catálogo Modular de Formación Profesional		
Módulos profesionales	**Bloques formativos**	**Horas**
COM_B_3001. Tratamiento informático de datos (285 h)	COM_A_3001_01. Preparación de los equipos	50
	COM_A_3001_02. Grabación de datos y textos	90
	COM_A_3001_03. Tratamiento de textos	90
	COM_A_3001_04. Archivo e impresión	55
COM_B_3002. Aplicaciones básicas de ofimática (320 h)	COM_A_3002_01. Tramitación de información en línea	50
	COM_A_3002_02. Comunicaciones mediante correo electrónico	75
	COM_A_3002_03. Hojas de cálculo	135
	COM_A_3002_04. Elaboración de presentaciones gráficas	60
COM_B_3070. Operaciones auxiliares de almacenaje (140 h)	COM_A_3070_01. Recepción de mercancías	30
	COM_A_3070_02. Etiquetado de mercancías	20
	COM_A_3070_03. Almacenamiento de productos y mercancías	30
	COM_A_3070_04. Elaboración de inventarios de mercancías	30
	COM_A_3070_05. Preparación de pedidos	30
1782. Prevención de riesgos laborales		30

Índice

OBJETIVOS GENERALES

Los objetivos generales del **COM_A_3002_01. Tramitación de información en línea,** son los siguientes:

- ➲ Identificar las distintas redes informáticas a las que podemos acceder.
- ➲ Diferenciar distintos métodos de búsqueda de información en redes informáticas.
- ➲ Acceder a información a través de internet, intranet y otras redes de área local.
- ➲ Localizar documentos utilizando herramientas de internet.
- ➲ Situar y recuperar archivos almacenados en servicios de alojamiento de archivos compartidos (la nube).
- ➲ Comprobar la veracidad de la información localizada.
- ➲ Valorar la utilidad de páginas institucionales y de internet en general, para la realización de trámites administrativos.

Unidad de aprendizaje 1

Introducción a la tramitación de información en línea

Contenido

Objetivos

Los objetivos específicos de esta Unidad de Aprendizaje son:

→ Buscar documentos relevantes para la gestión administrativa utilizando herramientas de internet como buscadores, portales oficiales, plataformas de proveedores o documentos en la nube.

→ Reconocer las principales redes informáticas (internet, intranet, extranet, LAN, wifi, redes móviles) aplicadas a la tramitación digital.

→ Acceder a información utilizando distintos tipos de redes informáticas: internet (red pública), intranet (red privada interna) y redes locales (LAN/wifi corporativa).

1. Introducción

Vivimos en una sociedad donde la información circula constantemente a través de redes digitales. La comunicación, el trabajo, los servicios y, especialmente, los trámites administrativos, se han transformado profundamente gracias a la tecnología.

Hoy en día, gestiones que antes requerían desplazamientos, colas o papeleo físico se realizan de forma rápida, segura y accesible desde un ordenador o un dispositivo móvil. Esta transformación ha dado lugar a lo que conocemos como tramitación digital o tramitación de información en línea.

En estos contenidos aprenderás qué significa realmente tramitar información por medios electrónicos, cómo se ha llegado hasta este punto de digitalización y por qué resulta esencial dominar estas herramientas, tanto en el ámbito laboral como en el ámbito personal.

Conocerás los principios básicos, las ventajas y las limitaciones de la tramitación digital, así como la importancia de las redes informáticas, la verificación de la información y el uso de páginas institucionales como fuentes fiables para realizar gestiones seguras.

El propósito es que comprendas que la digitalización no solo agiliza los trámites, sino que también mejora la transparencia, la eficiencia y la accesibilidad de la información.

En estos contenidos vamos a seguir el contexto de Marcos, que acaba de incorporarse como auxiliar de almacén en LogiCentro, una empresa de logística y distribución que trabaja con diferentes clientes y proveedores.

Durante su formación inicial, descubre que gran parte del trabajo en el almacén ya se gestiona a través de medios digitales: pedidos en línea, partes de entrada y de salida automatizados, control de *stock* por *software* y comunicación con proveedores mediante plataformas web.

2. Concepto y finalidad de la tramitación digital

 **HILO CONDUCTOR**

Marcos observa que en LogiCentro ya no se usan apenas documentos en papel.

Cuando llega un pedido, se tramita todo en línea. Al principio le sorprende, pero pronto entiende que la tramitación digital permite que todo el proceso sea más rápido, transparente y seguro, evitando errores y pérdidas de tiempo.

2.1. Definición de tramitación digital

La **tramitación digital** o **tramitación electrónica** se refiere al conjunto de procedimientos y gestiones que se realizan a través de medios informáticos y redes digitales, como internet o intranets corporativas, en lugar de hacerse de manera presencial o mediante documentos en papel.

En este contexto, tanto las personas físicas como las organizaciones públicas y privadas pueden intercambiar información, presentar documentos, solicitar servicios o realizar gestiones de forma totalmente digital, garantizando la seguridad, la validez y la trazabilidad del proceso.

👁 **EJEMPLO**

Solicitar un certificado de empadronamiento desde la web del ayuntamiento, sin tener que acudir físicamente a las oficinas.

La tramitación digital tiene como finalidad principal facilitar, agilizar y hacer más accesibles los trámites y la gestión de información, tanto para la ciudadanía como para las empresas y administraciones.

Sus objetivos fundamentales son:

Agilizar	Agilizar los procesos administrativos, reduciendo tiempos y desplazamientos.
Mejorar	Mejorar la eficiencia en el uso de los recursos públicos y empresariales.
Garantizar	Garantizar la transparencia y la trazabilidad de las gestiones realizadas.
Favorecer	Favorecer la accesibilidad universal, permitiendo que cualquier persona pueda realizar trámites en línea desde diferentes dispositivos.
Reducir	Reducir el consumo de papel y energía, contribuyendo a la sostenibilidad ambiental.
Aumentar	Aumentar la seguridad en el tratamiento de datos personales y documentos oficiales mediante certificados digitales, contraseñas seguras o sistemas de identificación electrónica (DNIe, Cl@ve, etc.).

 **EJEMPLO**

Un trabajador puede solicitar prestaciones, actualizar sus datos o presentar declaraciones a través de portales como la Seguridad Social o la Agencia Tributaria, con la misma validez que si acudiera en persona.

Entre las ventajas de la tramitación digital, encontramos las siguientes:

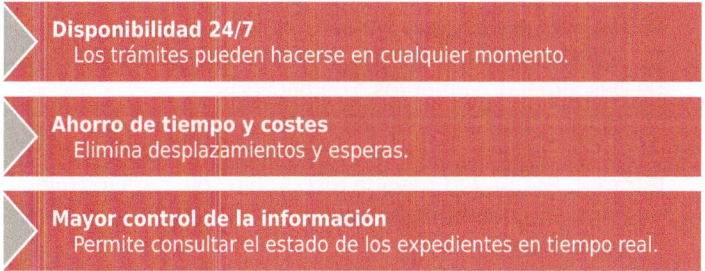

Disponibilidad 24/7
Los trámites pueden hacerse en cualquier momento.

Ahorro de tiempo y costes
Elimina desplazamientos y esperas.

Mayor control de la información
Permite consultar el estado de los expedientes en tiempo real.

Continúa en página siguiente >>

<< Viene de página anterior

Interoperabilidad
Las diferentes administraciones pueden compartir información de forma más eficiente.

Trazabilidad y seguridad
Cada acción queda registrada digitalmente, garantizando la validez de las actuaciones.

Aunque el avance es significativo, la digitalización también presenta desafíos:

- **Brecha digital.** No todas las personas tienen el mismo acceso a competencias digitales.
- **Problemas técnicos.** Errores en plataformas o sistemas que dificultan el acceso.
- **Ciberseguridad.** Es esencial proteger la información frente a ataques o fraudes.
- **Necesidad de formación.** Tanto la ciudadanía como el personal administrativo deben conocer los procedimientos digitales.

En el entorno actual, tanto a nivel personal como profesional, utilizamos diferentes redes informáticas para acceder a información, comunicarnos o realizar trámites administrativos.

Reconocer estas redes y su función es fundamental para comprender cómo se transmite la información digital en cualquier organización.

Existen varias redes que utilizamos continuamente, aunque a veces no seamos conscientes de ello. Las más habituales son:

- **Internet.** Es la red global que conecta millones de dispositivos y que permite:

  - Navegar por páginas web.
  - Acceder a plataformas de proveedores y clientes.
  - Descargar documentos o certificados.
  - Realizar trámites administrativos.

- **Intranet.** Es una red privada disponible solo para los miembros de una organización. Permite compartir información interna de forma segura. Usos habituales:

  - Consultar manuales, formularios o procedimientos.

- Acceder al sistema de gestión de almacén (SGA).
- Revisar horarios, avisos o documentos internos.

➲ **Extranet.** Es similar a una intranet, pero con acceso controlado a personas externas (proveedores, clientes, colaboradores). Usos habituales:

- Compartir pedidos.
- Subir o descargar certificados.
- Coordinar entregas o devoluciones.

➲ **Redes LAN.** Son redes locales que conectan los dispositivos dentro de un mismo edificio o almacén. Usos habituales:

- Actualización del inventario en tiempo real.
- Conexión de escáneres, impresoras y ordenadores.
- Acceso al servidor interno.

➲ **Redes wifi.** Permiten conectar dispositivos móviles sin cables. Son importantes en:

- Uso de *tablets* de *picking*.
- Lectores inalámbricos de códigos.
- Comunicación entre zonas del almacén.

➲ **Redes móviles.** Se utilizan cuando no hay conexión wifi, y permiten el acceso desde el exterior. Aplicaciones:

- Consultar pedidos mientras se está en ruta.
- Comunicarse con transportistas.
- Usar aplicaciones móviles del ERP.

 ACTIVIDAD COMPLEMENTARIA

1. Investiga cómo se gestiona hoy en día la información en un almacén real, centrándote especialmente en el uso de las redes informáticas y las herramientas digitales explicadas (internet, intranet, LAN, wifi, tramitación digital, búsqueda de documentos, etc.).

   Para ello, busca ejemplos reales de cómo se utiliza la tecnología en cuanto al uso de intranets o plataformas corporativas para consultar procedimientos, órdenes de trabajo o documentos internos.

3. El papel de la información en línea

☞ HILO CONDUCTOR

Marcos sigue aprendiendo en su puesto como auxiliar de almacén en LogiCentro.

Un día, durante la preparación de un pedido, se da cuenta de que no encuentra una caja en el estante que el sistema le indica. Su encargado, Luis, le explica que lo importante no es solo mover productos, sino gestionar correctamente la información que los acompaña: cada entrada, salida o ubicación está registrada digitalmente y, si la información falla, el proceso se detiene.

Marcos entiende, entonces, que la información es tan valiosa como las propias mercancías: sin datos actualizados, precisos y bien gestionados, el almacén no puede funcionar.

3.1. La información como eje

La información es el elemento central que conecta todas las fases de cualquier proceso organizativo.

Cada acción que se realiza en una empresa u organización genera datos que deben recogerse, transmitirse y gestionarse de forma correcta, ya que de ello depende la coordinación entre personas, departamentos y sistemas.

Desde el inicio de una operación hasta su finalización, la información permite tomar decisiones, planificar tareas y garantizar que los procesos se desarrollen de manera eficiente. Para que esto sea posible, los datos deben circular con rapidez, precisión y fiabilidad a través de los sistemas digitales.

En un entorno profesional actual, la información permite:

- ➲ Identificar qué servicio, producto o trámite se inicia, en qué cantidad o condiciones y cuál es su origen.
- ➲ Determinar cómo se gestionará internamente y qué recursos serán necesarios.
- ➲ Establecer plazos, destinos o responsables de cada actuación.
- ➲ Registrar cada acción realizada, así como posibles incidencias o errores.

 **EJEMPLO**

Cuando una organización recibe una solicitud o un documento, la información digital asociada se registra automáticamente en el sistema. A partir de ese registro, se actualizan los datos internos, se generan los documentos necesarios y se notifica a las personas o departamentos implicados para continuar el proceso.

3.2. Tipos de información

En cualquier organización se manejan distintos tipos de información, necesarios para el correcto desarrollo de las actividades diarias. Estos datos se generan en diferentes áreas y cumplen funciones específicas dentro de los procesos de trabajo.

A continuación, se presentan los principales tipos de información que pueden encontrarse en un entorno profesional:

Tipo de información	Ejemplo en el entorno logístico
Información operativa	Registros de tareas diarias, entradas y salidas de recursos, control de procesos, seguimiento de actividades
Información administrativa	Pedidos, facturas, contratos, solicitudes, documentación asociada a trámites o gestiones
Información técnica	Especificaciones de productos o servicios, manuales de uso, instrucciones técnicas, fichas de seguridad
Información comercial	Datos de clientes y proveedores, condiciones de servicio, acuerdos, plazos y compromisos

Toda esta información circula entre distintos departamentos y sistemas informáticos (aplicaciones de gestión, intranet, correo electrónico, plataformas web, etc.) y debe mantenerse actualizada, organizada y coherente para evitar errores, duplicidades o retrasos en los procesos.

3.3. El flujo de información

El flujo de información acompaña y da soporte al desarrollo de los procesos dentro de una organización.

Mientras se realizan las actividades operativas, administrativas o de servicio, la información circula de forma paralela, registrando cada acción y permitiendo su seguimiento y control.

Este flujo informativo garantiza que todas las personas y departamentos implicados dispongan de los datos necesarios en cada momento, facilitando la coordinación y la toma de decisiones.

A continuación, se describen las principales fases del flujo de información en un proceso habitual:

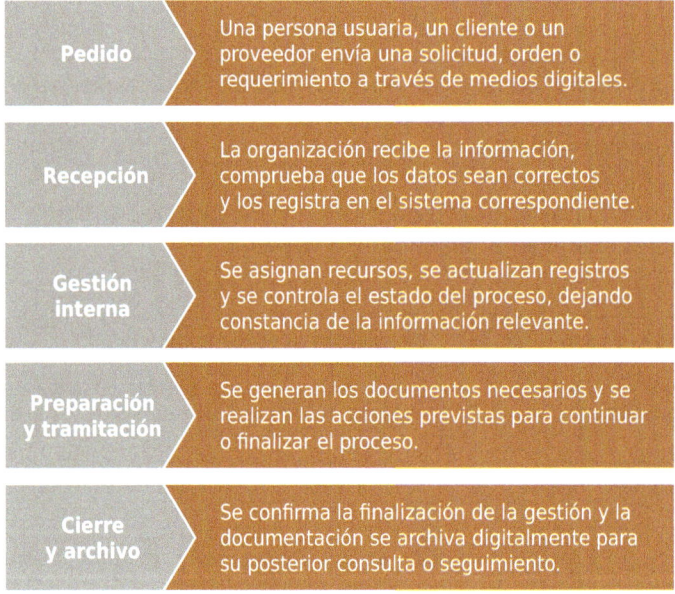

Pedido	Una persona usuaria, un cliente o un proveedor envía una solicitud, orden o requerimiento a través de medios digitales.
Recepción	La organización recibe la información, comprueba que los datos sean correctos y los registra en el sistema correspondiente.
Gestión interna	Se asignan recursos, se actualizan registros y se controla el estado del proceso, dejando constancia de la información relevante.
Preparación y tramitación	Se generan los documentos necesarios y se realizan las acciones previstas para continuar o finalizar el proceso.
Cierre y archivo	Se confirma la finalización de la gestión y la documentación se archiva digitalmente para su posterior consulta o seguimiento.

Este flujo continuo de información permite mantener la trazabilidad, reducir errores y asegurar que los procesos se desarrollen de forma ordenada y eficiente.

 **CONSEJO**

Si en alguno de estos pasos la información se introduce mal o se pierde, se pueden generar **errores en el inventario, retrasos o entregas incorrectas.**

3.4. Herramientas para gestionar la información

En los entornos profesionales actuales se utilizan diversas herramientas informáticas para recoger, organizar, compartir y analizar información de manera eficiente. Estas herramientas permiten centralizar los datos, automatizar procesos y facilitar la toma de decisiones dentro de una organización.

Entre las principales herramientas de gestión de la información se encuentran:

- **Sistemas de gestión.** Aplicaciones que permiten controlar procesos, recursos y registros asociados a la actividad diaria de la organización.
- **Sistemas integrados de gestión (ERP).** Plataformas que unifican la información procedente de distintas áreas, como administración, compras, ventas o recursos humanos.
- **Dispositivos de captura de datos.** Lectores de códigos de barras, sistemas RFID u otros dispositivos que registran información de forma automática y reducen errores manuales.
- **Hojas de cálculo y bases de datos compartidas.** Utilizadas para el seguimiento, control y análisis de datos por parte de distintos usuarios.
- **Servicios en la nube.** Permiten almacenar, consultar y compartir documentos digitales desde cualquier lugar y dispositivo autorizado.

Además, el uso de internet facilita el acceso y la localización de documentación necesaria para el desarrollo de la actividad profesional. A través de herramientas digitales es posible consultar o descargar documentos como:

- Documentos administrativos electrónicos
- Certificados oficiales o de calidad
- Fichas técnicas y manuales de uso
- Fichas de seguridad o instrucciones de prevención
- Facturas electrónicas
- Normativas y legislación vigente
- Documentación emitida por organismos públicos
- Procedimientos y guías de trabajo

 **EJEMPLO**

Una persona trabajadora necesita realizar una tarea que requiere información específica sobre el uso seguro de un producto o servicio. Para ello, accede a la web oficial del fabricante o del organismo correspondiente y localiza la

Continúa en página siguiente >>

<< Viene de página anterior

documentación necesaria, asegurándose de que la información sea fiable y esté actualizada.

- -

¿Qué herramientas de internet podemos utilizar para localizar documentos?

A continuación, se presentan las herramientas más utilizadas para identificar y descargar documentación en línea:

- **Motores de búsqueda** *(Google, Bing, DuckDuckGo)*. Permiten localizar información y documentos mediante palabras clave. Buenas prácticas:

  - Añadir "PDF", "Manual", "Ficha técnica", "Documento oficial".
  - Incluir el nombre del producto o la referencia exacta.
  - Usar operadores como *site:* para buscar dentro de un dominio.

  Por ejemplo, Marcos usa *Google* con la búsqueda: "Ficha técnica palet europeo PDF site:une.org" para localizar la normativa correcta.
- **Webs y portales oficiales.** Son fuentes fiables y seguras para descargar documentos:

  - Agencia Tributaria → certificados, modelos oficiales
  - Ministerio de Transportes → normativa, autorizaciones, documentos de transporte
  - Seguridad Social → informes laborales, certificaciones
  - DGT → documentación de vehículo y transportes
  - SEPE → acreditaciones de formación, modelos laborales

  Por ejemplo, para tramitar un envío internacional, Marcos descarga el certificado de origen desde la Cámara de Comercio.
- **Portales de proveedores y clientes.** Muchos proveedores cuentan con plataformas donde se puede acceder a:

  - Albaranes
  - Facturas
  - Certificados de calidad
  - Documentación de producto
  - Historial de pedidos

  Por ejemplo, Marcos inicia sesión en la plataforma de un proveedor y descarga los albaranes pendientes, que se incorporan automáticamente al sistema del SGA.

- **Plataformas internas de empresa.** Desde estas herramientas se localiza documentación interna, como:

    - Procedimientos
    - Protocolos
    - Instrucciones de trabajo
    - Informes
    - Registros de inventario

    Por ejemplo, a través del SGA, Marcos descarga el informe de *stock* actualizado para preparar el recuento.
- **Repositorios en la nube.** Como *Drive, Onedrive* o *Dropbox.* Permiten acceder a documentos compartidos desde cualquier dispositivo.
    Por ejemplo, el departamento de calidad sube los certificados de productos a una carpeta compartida en *Google Drive.* Marcos accede a ellos desde el ordenador del almacén.

No todo lo que aparece en internet es válido; por eso es importante saber distinguir fuentes seguras e identificar documentos fiables. Para ello, podemos seguir las siguientes recomendaciones:

- Verificar que la página tiene https://.
- Comprobar que el documento proviene de un organismo oficial o de un proveedor legítimo.
- Revisar la fecha de actualización.
- Evitar descargar información desde sitios no reconocidos.
- Asegurarse de que el archivo no presenta riesgos (verificar extensión y origen).

 **EJEMPLO**

Marcos evita descargar una ficha técnica desde un sitio desconocido y accede directamente a la web del fabricante, donde encuentra el documento actualizado.

Saber verificar qué webs son fiables y cuáles no es fundamental para la tramitación de información en línea.

3.5. Importancia de la veracidad y de la actualización de los datos

La información solo resulta útil cuando es exacta, actualizada y fiable. En cualquier actividad profesional, los datos incorrectos, incompletos o desactualizados pueden afectar negativamente al desarrollo de los procesos y a la toma de decisiones.

La falta de veracidad o de actualización de la información puede provocar, entre otras consecuencias:

- Errores en los registros y en la gestión de recursos
- Retrasos en la realización de tareas o en la prestación de servicios
- Pérdida de control y de seguimiento de los procesos
- Incidencias en la comunicación con personas usuarias, clientes, proveedores o administraciones

Por este motivo, muchas organizaciones aplican mecanismos de verificación, combinando la revisión humana con sistemas digitales que detectan incoherencias, duplicidades o datos incorrectos. Este doble control permite corregir errores a tiempo y mantener la calidad de la información gestionada.

 SABÍAS QUE...

Una información fiable y correctamente actualizada es clave para garantizar procesos eficientes, asegurar la trazabilidad de las actuaciones y generar confianza en los servicios y gestiones realizadas.

TAREA 1

Marcos trabaja en el almacén de LogiCentro. Su encargada le ha pedido que recopile tres documentos necesarios para preparar un envío de mercancías que requiere una gestión administrativa específica. Para ello, Marcos debe usar diferentes herramientas de internet y asegurarse de que los documentos sean fiables y estén actualizados.

Elabora un documento escrito donde incluyas:

1. Búsqueda de tres documentos (ficha técnica de un producto, ficha de datos de seguridad —FDS—, certificado de origen, albarán o factura electrónica, normativa de transporte —ADR, almacenaje, trazabilidad...—, documento oficial de un organismo público o manual o protocolo de manipulación) e incluye, en el documento entregado, el tipo de documento y una breve descripción de su utilidad.
2. Para cada documento, indica qué herramienta de internet utilizaste.

---

4. Redes informáticas

👉 HILO CONDUCTOR

Marcos está ayudando a revisar el inventario cuando, de repente, el sistema del almacén se detiene. Todo está conectado por una red informática; si la red falla, el almacén se paraliza.

Ese día, Marcos entiende que, detrás de cada pedido, de cada registro o de cada envío de datos hay una infraestructura invisible que conecta todos los equipos y todas las personas: es la red informática, el corazón del flujo digital del almacén.

4.1. Concepto de red informática

Una **red informática** es un conjunto de dispositivos conectados entre sí (ordenadores, tabletas, servidores, impresoras, escáneres, etc.) que comparten información y recursos.

Las redes informáticas permiten:

- Que varios usuarios trabajen sobre los mismos datos.
- Que la información del inventario se actualice en tiempo real.
- Que los sistemas de control, los lectores de códigos y las impresoras estén interconectados.
- Que la empresa se comunique con clientes y con proveedores por internet.

 **EJEMPLO**

Cuando una persona escanea un código o introduce un dato mediante un dispositivo digital, la información se transmite a través de la red interna de la organización hasta el sistema central, que actualiza los registros correspondientes y puede generar automáticamente avisos, acciones o notificaciones según el proceso definido.

4.2. Tipos de redes informáticas

Según su extensión o alcance, las redes se clasifican en varios tipos:

Tipo de red	Descripción	Ejemplo
PAN (personal area network)	Red de pequeño alcance utilizada para conectar dispositivos personales entre sí.	Un teléfono móvil se conecta por *bluetooth* a una impresora portátil o a unos auriculares.
LAN (local area network)	Red local que conecta los equipos dentro de una misma instalación.	Los ordenadores y el servidor de una oficina comparten información a través de la red local.
WAN (wide area network)	Red de gran alcance que conecta distintas sedes o centros de trabajo situados en lugares diferentes.	Una organización conecta sus oficinas de distintas ciudades mediante una red corporativa.
MAN (metropolitan area network)	Red que cubre una ciudad o área metropolitana concreta.	Varias instalaciones de una misma entidad situadas en la misma ciudad están conectadas entre sí.

Continúa en página siguiente >>

<< Viene de página anterior

Tipo de red	Descripción	Ejemplo
Internet	Red global que interconecta millones de redes en todo el mundo.	Acceso a páginas web, plataformas digitales y servicios en línea.
Intranet / extranet	Redes privadas: la intranet es de uso interno; la extranet permite el acceso controlado a personas externas.	El personal accede a documentación interna mediante la intranet; colaboradores externos acceden a información compartida a través de la extranet.

4.3. Componentes básicos de una red informática

Toda red informática está formada por un conjunto de elementos físicos (*hardware*) y elementos lógicos (*software*) que permiten la conexión entre dispositivos, la comunicación de datos y la correcta gestión de la información dentro de una organización.

Elementos físicos (*hardware*)

Elemento	Función	Ejemplo
Ordenadores y terminales	Procesan y muestran la información.	Son puestos de trabajo fijos o terminales portátiles.
Servidores	Almacenan los datos y gestionan la red.	Es un servidor central que guarda bases de datos o documentos.
Router	Conecta la red local a Internet.	Permite que los equipos de una organización accedan a servicios externos.
Switch o conmutador	Distribuye la conexión entre los equipos.	Centraliza las conexiones de los equipos de una oficina.
Cables, antenas, puntos wifi	Transmiten la señal de red.	Es una red inalámbrica para dispositivos móviles corporativos.
Periféricos conectados	Son dispositivos que envían o reciben datos.	Algunos ejemplos son las impresoras, escáneres, lectores, cámaras o dispositivos de control.

Elementos lógicos *(software)*

Componente	Función	Ejemplo
Sistema operativo	Gestiona la comunicación entre *hardware* y usuario.	Algunos ejemplos son *Windows, Linux* o *Android* en dispositivos portátiles.
Protocolos de red	Son las reglas que permiten que los equipos se entiendan.	Algunos ejemplos son TCP/IP, wifi o *bluetooth*.
Aplicaciones o programas	Permiten realizar tareas concretas.	Algunos ejemplos son los programas de gestión, el correo electrónico, los navegadores web y plataformas corporativas.

Estos componentes trabajan de forma conjunta para garantizar que la información se transmita de manera segura, rápida y fiable, permitiendo el funcionamiento de los procesos digitales en cualquier entorno profesional.

◁◯▷ EJEMPLO

Cuando una persona utiliza un lector u otro dispositivo digital para registrar un dato, la información se transmite de forma inalámbrica a través de la red wifi *(hardware)* utilizando los protocolos de comunicación correspondientes *(software)* hasta el servidor central. Allí, una aplicación de gestión procesa los datos y actualiza automáticamente los registros del sistema.

Debemos tener cuidado a la hora de conectarnos a la red wifi, ya que no todas son seguras.

4.4. Seguridad y mantenimiento de la red

Una red informática bien gestionada es fundamental para garantizar la rapidez, la precisión y la seguridad en el desarrollo de las tareas diarias dentro de una organización. El correcto funcionamiento de la red permite que la información circule sin interrupciones y que los sistemas digitales operen de forma fiable.

Los fallos en la red o una gestión inadecuada pueden provocar errores en los datos, interrupciones del servicio o retrasos en los procesos, afectando directamente al rendimiento y a la calidad del trabajo.

Por este motivo, es imprescindible aplicar buenas prácticas de seguridad y mantenimiento, entre las que destacan:

- Mantener contraseñas seguras y actualizadas, evitando accesos no autorizados.
- Proteger los sistemas mediante antivirus y cortafuegos, que previenen amenazas externas.
- Revisar periódicamente las conexiones, dispositivos y equipos de la red.
- Realizar copias de seguridad automáticas *(backups)* para proteger la información ante posibles fallos o pérdidas.

La aplicación de estas medidas contribuye a asegurar la confidencialidad, la integridad y la disponibilidad de la información, elementos clave en cualquier entorno digital profesional.

 **EJEMPLO**

Tras un incidente de caída de la red, el personal técnico explica que una conexión defectuosa o un exceso de tráfico puede afectar al funcionamiento de todo el sistema. A partir de ese momento, se comprende la importancia de cuidar y mantener la red informática como un recurso esencial, del mismo modo que cualquier otro equipo necesario para el desarrollo de la actividad profesional.

ACTIVIDAD 1

Marcos consulta en el ordenador del almacén el protocolo de recepción de mercancías, accesible solo para los empleados de la empresa. ¿Qué red utiliza?

- -

5. Internet, intranet, redes LAN

 HILO CONDUCTOR

Una mañana, su encargada, Ana, le pide que descargue de internet un certificado de origen para una mercancía que debe salir al extranjero.

Marcos descubre que internet no solo sirve para navegar o comunicarse, sino que es una herramienta esencial en la gestión administrativa del almacén: permite consultar normativas, enviar pedidos, registrar documentos y comunicarse con proveedores y clientes de cualquier parte del mundo.

- -

5.1. Qué es internet

Internet es una red global de redes informáticas que conecta millones de dispositivos en todo el mundo y que permite compartir información, servicios y recursos.

Su origen se remonta a la red Arpanet (años 60), pero hoy es una herramienta cotidiana que transforma la comunicación, la educación, el comercio y, por supuesto, la gestión administrativa.

 EJEMPLO

En LogiCentro, internet permite enviar pedidos a los proveedores, registrar transportes, actualizar el *stock* y acceder a portales oficiales para trámites laborales o aduaneros.

- -

5.2. Aplicaciones de internet en la gestión administrativa

Internet permite que la información circule de forma rápida, segura y eficiente entre las distintas personas, departamentos y entidades que intervienen en los procesos administrativos y de gestión. Su uso se ha convertido en un elemento esencial para el desarrollo de la actividad profesional en cualquier organización.

En el trabajo diario, internet se utiliza para múltiples finalidades, entre las que destacan las siguientes:

Aplicación	Descripción	Ejemplo
Comunicación	Envío de correos electrónicos, videollamadas, mensajería interna	Comunicación con clientes, proveedores o colaboradores para coordinar tareas o resolver incidencias
Búsqueda de información	Localización de normativas, fichas técnicas o precios de materiales	Consulta de legislación vigente, fichas técnicas o instrucciones oficiales
Gestión de solicitudes	Acceso a plataformas de clientes y proveedores	Registro, validación o seguimiento de solicitudes a través de portales web
Tramitación administrativa	Presentación y descarga de formularios, certificados y documentos oficiales	Acceso a sedes electrónicas de organismos públicos para realizar trámites
Formación y documentación	Acceso a cursos, manuales o guías en línea	Realización de acciones formativas a través de plataformas educativas digitales
Almacenamiento en la nube	Guardado y compartición de archivos desde cualquier lugar	Uso de servicios en la nube para compartir documentos de trabajo de forma segura

El uso adecuado de internet en la gestión administrativa permite agilizar los procesos, mejorar la comunicación y garantizar el acceso a información actualizada, favoreciendo un trabajo más eficiente y coordinado en cualquier entorno profesional.

5.3. Internet en la comunicación interna y externa de la empresa

Para la **comunicación interna,** dentro de una empresa, internet permite que el personal se comunique mediante:

- Correo electrónico corporativo
- Plataformas internas (intranet o herramientas de gestión)
- Reuniones en línea o aplicaciones colaborativas *(Teams, Google Workspace, Slack...)*

Esto facilita la coordinación entre los distintos departamentos de una organización (administración, gestión, operaciones, atención al cliente, etc.), permitiendo un intercambio de información ágil y ordenado.

En cuanto a la comunicación externa con proveedores, clientes o instituciones públicas, internet resulta una herramienta fundamental para:

- Enviar y recibir documentación electrónica, como solicitudes, pedidos o facturas.
- Consultar el estado de gestiones, trámites o servicios en curso.
- Realizar trámites administrativos, licencias o certificados digitales.
- Acceder a plataformas oficiales y sedes electrónicas de organismos públicos o entidades colaboradoras.

El uso de internet en la comunicación externa contribuye a agilizar los procesos, mejorar la trazabilidad de la información y reducir tiempos y desplazamientos innecesarios.

 **EJEMPLO**

Una persona trabajadora accede a la sede electrónica de un organismo público para comprobar datos fiscales antes de continuar con una gestión. Además, consulta la plataforma digital de una empresa colaboradora para realizar el seguimiento de un trámite o servicio en curso.

5.4. Requisitos para el uso seguro y eficiente de internet

Para aprovechar internet de forma profesional y responsable, es fundamental aplicar **buenas prácticas digitales:**

1. Usar contraseñas seguras y no compartirlas.
2. Actualizar los programas y los sistemas operativos.
3. Evitar acceder a sitios no verificados o con información dudosa.
4. Comprobar siempre la fuente oficial de los documentos y de los portales administrativos.
5. Realizar copias de seguridad periódicas de los datos almacenados.
6. Respetar la protección de datos personales y empresariales.

 **EJEMPLO**

Una persona trabajadora aprende a identificar páginas web seguras observando el candado en la barra del navegador y comprobando que la dirección comienza por "https://". De este modo, reduce riesgos, al descargar documentación o al iniciar sesión en plataformas digitales oficiales.

5.5. Beneficios del uso de internet en la gestión administrativa

El uso de internet en la gestión administrativa tiene los siguientes beneficios:

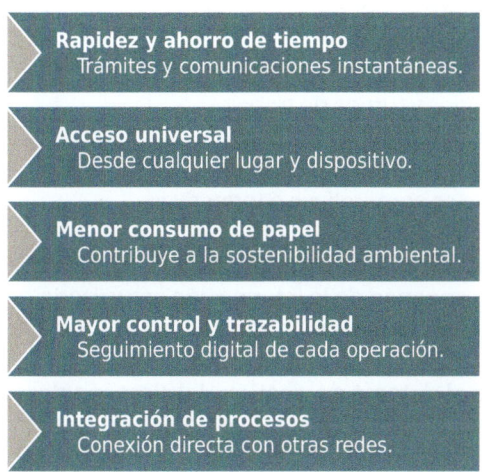

Rapidez y ahorro de tiempo
Trámites y comunicaciones instantáneas.

Acceso universal
Desde cualquier lugar y dispositivo.

Menor consumo de papel
Contribuye a la sostenibilidad ambiental.

Mayor control y trazabilidad
Seguimiento digital de cada operación.

Integración de procesos
Conexión directa con otras redes.

En una empresa, esto se traduce en **una gestión más ágil, coordinada y precisa,** donde la información circula sin interrupciones entre todos los agentes.

5.6. Intranet: la red privada que organiza el trabajo interno

La intranet es una red informática privada, accesible únicamente para las personas autorizadas de la empresa. Funciona igual que internet, pero su uso se limita al entorno interno, permitiendo compartir información, documentos, procedimientos y herramientas de trabajo de forma segura, rápida y controlada.

En una organización, la intranet se convierte en una herramienta clave para:

⮑ **Consultar procedimientos y documentación interna.** A través de la intranet, el personal de una organización puede acceder de forma rápida y segura a la documentación interna necesaria para realizar su trabajo correctamente, como:

- Protocolos y procedimientos de trabajo
- Instrucciones operativas
- Procedimientos de prevención de riesgos laborales
- Manuales de uso de equipos o herramientas
- Formularios internos

Por ejemplo, antes de realizar una tarea específica, una persona trabajadora accede a la intranet para consultar el procedimiento correspondiente y asegurarse de que sigue las instrucciones correctas.

⮑ **Comunicación interna.** La intranet funciona como un tablón digital de comunicación, donde se centraliza la información relevante para todo el personal, como:

- Horarios y turnos de trabajo
- Cambios organizativos
- Avisos internos
- Noticias corporativas o formativas

Esto reduce errores, evita malentendidos y garantiza que todas las personas dispongan de la información actualizada.
Por ejemplo, una persona consulta en la intranet un cambio de horario y un aviso sobre una formación obligatoria.

⮑ **Acceso al sistema de gestión del almacén desde la intranet.** Muchas organizaciones integran sus sistemas de gestión dentro de la intranet para facilitar el acceso controlado a la información, permitiendo:

- Consultar datos y registros.
- Revisar estados de procesos.
- Registrar actuaciones o incidencias.
- Generar informes de seguimiento.

Por ejemplo, una persona accede a la intranet para consultar un informe periódico y analizar la evolución de determinados registros o incidencias.

- **Seguridad y control de acceso.** El acceso a la intranet está protegido mediante medidas de seguridad que garantizan la confidencialidad de la información, como:

  - Usuario y contraseña
  - Permisos diferenciados según el rol o perfil
  - Registro de accesos
  - Protección de datos conforme a la normativa vigente

Por ejemplo, el personal accede únicamente a la información relacionada con sus funciones, mientras que los responsables pueden consultar datos de planificación o gestión.

5.7. Redes LAN: la infraestructura que conecta todos los equipos

La red LAN *(local area network)* es la red local de una organización, es decir, el conjunto de equipos conectados entre sí dentro de un mismo espacio físico, como una oficina, un centro de trabajo o una instalación corporativa.

Esta red constituye la infraestructura básica que permite que los dispositivos compartan información de forma inmediata y coordinada, facilitando el funcionamiento de los sistemas digitales internos.

Dentro de una organización, la red LAN conecta habitualmente:

- Ordenadores y puestos de trabajo administrativos
- Servidores donde se alojan aplicaciones y bases de datos
- Dispositivos de captura de datos
- Terminales portátiles o *tablets* corporativas
- Impresoras y otros periféricos conectados
- Equipos de control o pantallas informativas

La red LAN permite la transmisión de datos a alta velocidad y sin interrupciones, lo que resulta esencial para:

- La actualización de información en tiempo real
- La ejecución ágil de tareas operativas
- El cruce de datos entre distintos procesos y sistemas
- El control automatizado y fiable de la información

Gracias a la red LAN, los sistemas internos pueden trabajar de forma sincronizada, garantizando rapidez, precisión y continuidad en la actividad diaria de la organización.

Cuando la red LAN funciona correctamente, los sistemas de gestión coordinan las operaciones de manera eficaz y precisa. Sin embargo, si la red local falla, los sistemas no pueden comunicarse con los dispositivos conectados y los procesos se ven interrumpidos, ya que estas aplicaciones dependen de la conexión a la red para operar con normalidad.

Para proteger la LAN se aplican:

- Cortafuegos
- Contraseñas seguras
- Control de dispositivos permitidos
- Segmentación de la red
- Actualizaciones automáticas

Esto evita accesos no autorizados y protege la información interna.

 TAREA 2

Marcos está preparando un pedido en el almacén de LogiCentro. Antes de enviarlo, debe comprobar los datos del albarán y, después, remitirlo al cliente. Para ello, utilizará diferentes redes informáticas según el tipo de información que necesite consultar o enviar.

Explica cuáles podría utilizar.

6. Resumen

La tramitación digital se basa en el uso de tecnologías y redes informáticas que permiten gestionar la información de forma rápida, segura y en tiempo real. Esta transformación sitúa los datos como el eje central de los procesos, ya que cada actividad, gestión o servicio genera un flujo de información que debe ser preciso, verificable y accesible a través de distintos sistemas digitales.

Las redes informáticas constituyen la infraestructura que hace posible este intercambio de información. Internet facilita el acceso a normativa, documentación técnica y plataformas externas, mientras que la intranet centraliza la información interna mediante protocolos, formularios y documentos corporativos. A nivel operativo, la red LAN, tanto cableada como inalámbrica, conecta ordenadores, servidores y dispositivos, permitiendo que los sistemas de gestión sincronicen datos, actualicen registros y generen acciones en tiempo real.

El funcionamiento de los entornos profesionales actuales depende de la capacidad para buscar, localizar y utilizar información digital, así como de la verificación de su fiabilidad. El carácter electrónico de los datos favorece la trazabilidad, reduce errores y garantiza una comunicación fluida entre las distintas personas y áreas implicadas. De este modo, la gestión administrativa y operativa se desarrolla en un entorno conectado en el que la tecnología y la información actúan de forma conjunta para optimizar los procesos y mejorar la eficiencia organizativa.

Ejercicios de autoevaluación
Unidad de Aprendizaje 1

1. ¿Qué se entiende por tramitación digital?

   a. El archivo físico de documentos administrativos.
   b. El conjunto de gestiones realizadas mediante medios electrónicos y redes informáticas.
   c. El envío de documentos impresos por mensajería.
   d. El uso exclusivo de ordenadores sin conexión.

2. ¿Por qué la información es un elemento central en los procesos de una organización?

   a. Porque solo se utiliza para tareas administrativas.
   b. Porque permite registrar, coordinar y controlar las actividades y decisiones.
   c. Porque sustituye totalmente el trabajo humano.
   d. Porque solo tiene utilidad al final del proceso.

3. ¿Qué tipo de red conecta dispositivos dentro de un mismo espacio físico, como una oficina o un centro de trabajo?

   a. WAN
   b. Internet
   c. LAN
   d. Extranet

4. ¿Cuál es una característica principal de la intranet?

   a. Es una red pública accesible desde cualquier lugar sin control.
   b. Permite únicamente el acceso a páginas web externas.
   c. Es una red privada que centraliza información y recursos internos.
   d. Sustituye completamente a internet.

5. ¿Qué herramienta se utiliza habitualmente para localizar documentación oficial o técnica en internet?

    a. Un lector de códigos
    b. Un sistema operativo
    c. Un motor de búsqueda
    d. Un dispositivo de red

6. ¿Cuál de las siguientes situaciones implica el acceso a información a través de una red local (LAN o wifi corporativa)?

    a. Consultar una normativa en una web oficial.
    b. Acceder a datos internos desde un sistema de gestión conectado a la red local.
    c. Enviar un correo electrónico externo.
    d. Descargar un formulario desde una sede electrónica.

7. ¿Qué red permite el acceso controlado a información compartida con personas externas a la organización, como proveedores o colaboradores?

    a. Intranet
    b. Extranet
    c. PAN
    d. LAN

8. ¿Qué práctica ayuda a garantizar la seguridad al acceder a documentación en línea?

    a. Utilizar cualquier página sin comprobar su origen.
    b. Compartir contraseñas para facilitar el acceso.
    c. Verificar que la web es oficial y utiliza conexión segura (https).
    d. Descargar documentos sin revisar su procedencia.

9. ¿Cuál es uno de los principales beneficios del uso de internet en la gestión administrativa?

    a. Incrementar el uso de papel.
    b. Reducir la comunicación entre departamentos.

    c. Facilitar el acceso a información y la realización de trámites de forma ágil.

    d. Eliminar la necesidad de sistemas internos.

10. ¿Qué herramienta permite almacenar y compartir documentos de forma digital desde distintos dispositivos?

    a. Una impresora

    b. Un archivador físico

    c. Un servicio de almacenamiento en la nube

    d. Un cable de red

Acceso y gestión de la información en entornos digitales

Contenido

Objetivos

Los objetivos específicos de esta Unidad de Aprendizaje son:

→ Distinguir diferentes métodos de búsqueda utilizados en redes informáticas.

→ Localizar archivos dentro de un servicio de almacenamiento en la nube como *Google Drive, OneDrive* o *Dropbox.*

→ Comprobar si una información o documento digital es fiable, oficial y actualizado, aplicando criterios de veracidad como autoría, fecha, origen y coherencia.

1. Introducción

En la actualidad, gran parte del trabajo depende de la capacidad para localizar, consultar y gestionar información digital de forma rápida y fiable. Los documentos ya no se guardan solo en papel: ahora se encuentran en páginas web, plataformas corporativas, carpetas compartidas, aplicaciones en la nube y sistemas internos de gestión.

Saber manejar estas herramientas es tan importante como conocer los procesos físicos del puesto de trabajo. Desde consultar una norma de seguridad en internet, revisar un procedimiento interno en la intranet o localizar un registro de incidencias en la red local (LAN), cada acción requiere comprender cómo funcionan los navegadores, los buscadores y los distintos espacios digitales donde se almacena la información.

Estos contenidos te ayudarán a dominar estas competencias básicas para el entorno laboral actual. Aprenderás a identificar qué herramienta utilizar en cada caso, cómo acceder a la información de forma segura, cómo descargar y organizar documentos, y cómo trabajar colaborativamente mediante plataformas en la nube. Todo ello orientado a mejorar la eficiencia, reducir errores y facilitar la comunicación entre turnos y departamentos.

La empresa en la que trabaja Marcos ha empezado a digitalizar la mayor parte de sus procedimientos: ahora los documentos, las instrucciones y las hojas de trabajo ya no se imprimen, sino que están repartidos entre internet, la intranet corporativa y las carpetas compartidas de la LAN. Marcos comprende que la clave no está solo en saber usar el ordenador, sino en elegir el lugar correcto donde buscar cada tipo de información: internet para documentos públicos, intranet para los internos de la empresa y la LAN para el trabajo del día a día.

2. Navegadores y herramientas de búsqueda

☞ HILO CONDUCTOR

Marcos ya sabe que el navegador es su herramienta central para acceder a cualquier tipo de información —ya sea en internet, en la intranet o en las carpetas del almacén—, si sabe usar bien las herramientas de búsqueda.

Acceder a la información en entornos digitales comienza con el uso de los navegadores web y de las herramientas de búsqueda, que permiten localizar datos en distintos tipos de redes: internet, intranet corporativa y redes locales (LAN). Estas tecnologías son esenciales para consultar documentación, verificar datos y resolver tareas administrativas en el día a día.

2.1. Concepto y función de un navegador web

Un **navegador web** es una aplicación informática que permite acceder a páginas y servicios disponibles en internet. Entre sus funciones principales destacan:

- Interpretar el código HTML, CSS o *JavaScript* que compone los sitios web.
- Permitir la interacción con formularios, plataformas de gestión, intranets o portales de trámites.
- Facilitar la descarga de documentos para su posterior uso en aplicaciones de ofimática.
- Integrarse con otros servicios (correo, almacenamiento en la nube, extensiones, etc.).

Algunos **ejemplos de navegadores** de uso común son: Google Chrome, Mozilla Firefox, Microsoft Edge, Safari, Opera.

Este acceso es abierto y global, lo que exige seleccionar fuentes fiables y usar técnicas de búsqueda que faciliten encontrar información exacta.

2.2. Elementos básicos de un navegador

Los **navegadores** ofrecen una interfaz diseñada para interactuar con la web de forma intuitiva, y sus elementos fundamentales permiten desplazarse, gestionar páginas y acceder a recursos digitales con agilidad. Conocer la función de cada componente —desde la barra de direcciones hasta las pestañas, el historial o el área de descarga— facilita una navegación más eficiente y organizada, especialmente cuando se trabaja con múltiples fuentes de información o se realizan trámites en línea que requieren precisión y seguimiento.

A continuación, se muestran los **elementos básicos de un navegador:**

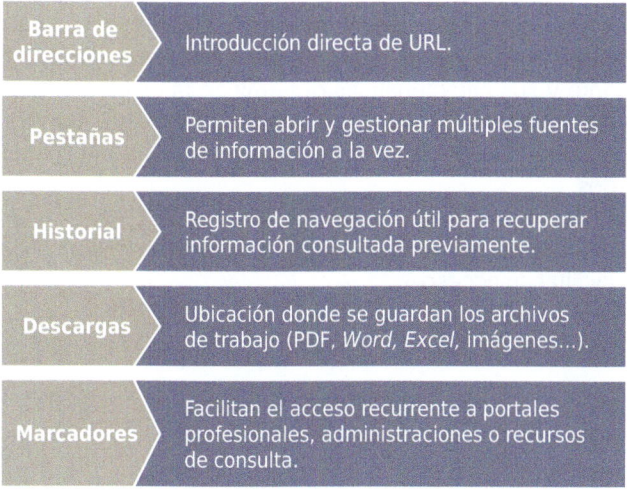

Barra de direcciones	Introducción directa de URL.
Pestañas	Permiten abrir y gestionar múltiples fuentes de información a la vez.
Historial	Registro de navegación útil para recuperar información consultada previamente.
Descargas	Ubicación donde se guardan los archivos de trabajo (PDF, *Word*, *Excel*, imágenes…).
Marcadores	Facilitan el acceso recurrente a portales profesionales, administraciones o recursos de consulta.

2.3. Configuración básica del navegador

Ajustar correctamente un navegador es esencial para garantizar una experiencia de uso segura, ágil y adaptada a las necesidades de cada entorno digital. Las opciones de configuración permiten controlar aspectos como la privacidad, la sincronización de datos o el comportamiento de extensiones y complementos, influyendo directamente en la eficiencia con la que se accede, se procesa y se gestiona la información en línea.

Una **configuración** adecuada mejora la seguridad y la eficiencia:

- ➲ **Privacidad y seguridad.** Gestión de *cookies,* permisos y navegación privada.
- ➲ **Sincronización de cuentas.** Acceso a marcadores, historial y contraseñas desde distintos dispositivos.
- ➲ **Extensiones útiles:**

  - ☉ Correctores ortográficos para redactar documentación *online*
  - ☉ Gestores de contraseñas
  - ☉ Capturadores de pantalla para evidencias o documentación técnica
  - ☉ Extensiones para exportar páginas a PDF o aplicaciones ofimáticas

2.4. Motores de búsqueda

Los **motores de búsqueda** actúan como sistemas que rastrean, organizan y muestran contenidos disponibles en la red, convirtiéndose en herramientas esenciales para acceder rápidamente a información relevante. Su funcionamiento y sus características determinan la calidad y la precisión de los resultados obtenidos, por lo que comprender cómo operan y qué opciones ofrecen permite optimizar el proceso de búsqueda en entornos digitales variados.

Los motores de búsqueda indexan y organizan millones de páginas web para facilitar su acceso.

Los más conocidos son:

- *Google*
- *Bing*
- *DuckDuckGo*
- *Yahoo*
- *Ecosia*

La elección del motor de búsqueda puede influir en los resultados, en su profundidad, su privacidad o su relevancia.

2.5. Técnicas de búsqueda avanzada

La localización precisa de información en la web requiere algo más que introducir palabras sueltas en un motor de búsqueda. Las técnicas de búsqueda avanzada permiten afinar los resultados, reducir el ruido informativo y acceder con mayor rapidez a contenidos específicos. Dominar estos recursos facilita encontrar datos fiables, documentos concretos o referencias especializadas, optimizando así cualquier proceso que dependa de la consulta digital.

Para tramitar información en línea de forma eficaz, el usuario debe dominar técnicas de búsqueda profesional, como el uso de los siguientes operadores:

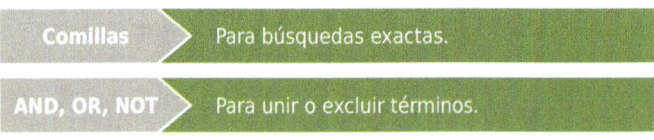

| Comillas | Para búsquedas exactas. |
| AND, OR, NOT | Para unir o excluir términos. |

Continúa en página siguiente >>

<< Viene de página anterior

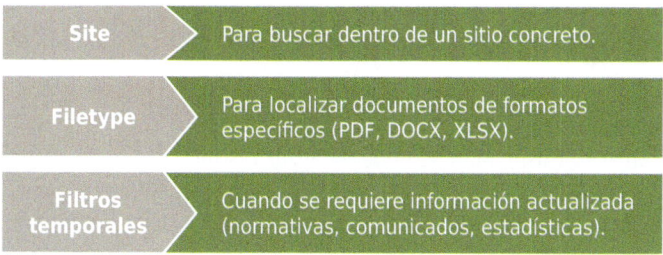

Site	Para buscar dentro de un sitio concreto.
Filetype	Para localizar documentos de formatos específicos (PDF, DOCX, XLSX).
Filtros temporales	Cuando se requiere información actualizada (normativas, comunicados, estadísticas).

2.6. Aplicaciones ofimáticas como apoyo a la navegación y a la búsqueda

El uso de **aplicaciones ofimáticas** complementa y potencia el proceso de búsqueda de información en línea, ya que permiten registrar, organizar y analizar los datos obtenidos de forma estructurada. A través de documentos, hojas de cálculo o presentaciones es posible sintetizar resultados, comparar fuentes o elaborar informes que faciliten la toma de decisiones y la tramitación digital, integrando así la navegación web con un tratamiento eficiente de la información.

Las herramientas ofimáticas permiten sistematizar la información obtenida:

- **Procesadores de texto.** Creación de informes de búsqueda o resúmenes.
- **Hojas de cálculo.** Registro organizado de fuentes, datos comparativos o resultados.
- **Presentaciones.** Diagramación visual de información obtenida para reuniones o reportes.

 **CONSEJO**

Es muy importante documentar sistemáticamente el proceso de búsqueda y sus fuentes.

3. Búsqueda activa en redes informáticas

👉 HILO CONDUCTOR

Durante su turno, Marcos debe localizar distintos tipos de información digital: primero busca en internet una normativa sobre embalajes y la encuentra usando palabras clave y operadores; luego, accede a la intranet para consultar un procedimiento interno actualizado; y, finalmente, revisa en la red local (LAN) las incidencias del turno anterior. Gracias a estas tareas comprende que la búsqueda activa implica elegir correctamente el entorno adecuado —internet, intranet o LAN— y utilizar bien sus herramientas para obtener información fiable y trabajar con eficacia.

La búsqueda activa en redes informáticas consiste en utilizar distintos recursos digitales para encontrar información de forma eficaz, fiable y rápida. En el entorno profesional, esto implica saber moverse por internet, por la intranet corporativa o por las carpetas de la red local (LAN), según donde se encuentre el documento que necesitamos.

Cada entorno ofrece herramientas específicas para localizar archivos, manuales, normas o registros esenciales para la actividad diaria.

RECUERDA

En el ámbito digital coexisten diferentes tipos de redes que organizan el acceso a la información y determinan cómo interactúan los usuarios con los recursos disponibles: internet, intranet y extranet.

Comprender estas diferencias es clave para tramitar información de forma profesional.

3.1. Acceso a plataformas y portales digitales

El trabajo en entornos digitales implica interactuar con una variedad de plataformas y portales que centralizan servicios, recursos y trámites. Estos espacios digitales presentan estructuras, requisitos de acceso y funciones específicas, por lo que familiarizarse con su uso permite desenvolverse con mayor autonomía y precisión en tareas que requieren consultar, enviar o gestionar información de manera formal.

Los usuarios deben ser capaces de operar en distintos portales que concentran información y servicios esenciales para el desarrollo de actividades académicas, laborales o administrativas. Distinguimos los siguientes:

Plataformas educativas
Permiten acceder a materiales formativos, entregar tareas y comunicarse con el profesorado.

Sistemas internos de empresa
Ofrecen herramientas de gestión, intercambio de documentación o seguimiento de procesos propios de la organización.

Sedes electrónicas de Administraciones públicas
Facilitan la realización de trámites oficiales, la presentación de solicitudes o la descarga de certificados.

Portales de consulta
Proporcionan información actualizada necesaria para la toma de decisiones o el cumplimiento de obligaciones profesionales.

Cada uno de estos entornos opera bajo criterios propios de seguridad y estructura, por lo que es necesario conocer los métodos de acceso, los mecanismos de autenticación como usuarios, las contraseñas, los certificados digitales o los sistemas de verificación y las pautas básicas de navegación, con el fin de manejar la información de forma correcta, segura y eficiente.

3.2. Identificación electrónica y seguridad

La **gestión digital** no solo depende de saber acceder a la información o de tramitar documentos en línea; también requiere hacerlo de forma segura y eficiente. Cada vez que un operario inicia sesión en una plataforma corporativa, descarga un archivo, completa un formulario o utiliza una herramienta de ofimática *online,* intervienen elementos clave, como la privacidad, la autenticación y la protección de datos.

Una buena configuración del navegador y de las cuentas digitales permite trabajar con mayor rapidez, mantener la información protegida y evitar errores o accesos no autorizados. Además, ciertas extensiones y herramientas complementarias facilitan la redacción de documentos, la gestión de contraseñas, la obtención de evidencias y la conversión de páginas web en formatos útiles para la tramitación digital.

3.3. Estrategias para una búsqueda activa y eficiente

Localizar información útil en entornos digitales no consiste solo en buscar en internet: implica saber qué se necesita, dónde buscarlo y cómo evaluar si la información encontrada es fiable y adecuada. Esta habilidad es fundamental para consultar normativas, procedimientos, fichas técnicas o documentos necesarios para la tramitación digital de tareas diarias.

Para evitar errores, pérdida de tiempo o el uso de documentos desactualizados, es necesario aplicar estrategias que permitan planificar la búsqueda, seleccionar fuentes de calidad y evaluar cada documento con criterios claros, como autoría, actualidad, relevancia, verificabilidad y objetividad.

Antes de iniciar cualquier búsqueda de información en internet, en la intranet o en bases de datos digitales, es fundamental tener claro qué se necesita encontrar, dónde localizarlo y cómo comprobar que la información obtenida es realmente válida. La **gestión documental** de la empresa, como consultar normativas, elaborar informes, rellenar formularios o verificar procedimientos exige aplicar un proceso ordenado que comienza con la detección de la necesidad de información y continúa con la planificación de la búsqueda, la selección de fuentes fiables y la evaluación de la calidad del contenido hallado. Estos pasos garantizan que los documentos utilizados sean seguros, estén actualizados y sean adecuados para la tramitación digital y el trabajo profesional.

A continuación, se presentan los pasos clave para realizar una búsqueda digital eficaz:

Detección de necesidades de información
Consiste en identificar con precisión qué datos, documentos o respuestas se necesitan para resolver una tarea o tomar una decisión.

Continúa en página siguiente >>

<< Viene de página anterior

Planificación de la búsqueda
Implica definir cómo, dónde y con qué herramientas se realizará la búsqueda, eligiendo palabras clave, fuentes y estrategias adecuadas para obtener resultados útiles y fiables.

Selección de fuentes fiables
Organismos oficiales, instituciones académicas, bases de datos, repositorios.

Evaluación de la calidad de la información
Consiste en analizar si la información encontrada es fiable, actualizada y relevante, comprobando aspectos como la autoría, la fecha, la veracidad y la objetividad del contenido.

3.4. Registro y análisis de la información obtenida

Una vez localizada la información, el siguiente paso es registrarla y analizarla de manera ordenada para poder utilizarla en tareas de tramitación, elaboración de informes o toma de decisiones. Las herramientas de ofimática facilitan este proceso, permitiendo clasificar datos en hojas de cálculo, redactar análisis y conclusiones en documentos de texto o trabajar con plantillas que agilizan tareas repetitivas.

Con apoyo de herramientas ofimáticas, la información obtenida puede organizarse y analizarse de forma más clara y eficiente mediante distintos formatos y recursos digitales, como, por ejemplo, las siguientes:

- **Tablas en hojas de cálculo.** Para clasificar fuentes y datos.
- **Documentos de texto.** Para análisis crítico, conclusiones y síntesis.
- **Plantillas.** Para tareas recurrentes de tramitación.

TAREA 3

Marcos necesita localizar tres documentos distintos:

a. Una norma oficial sobre manipulación de cargas publicada por un organismo público
b. El procedimiento interno de recepción actualizado por la empresa
c. El archivo de incidencias del turno de noche almacenado en el servidor del almacén

Indica qué método de búsqueda debería utilizar para cada documento.

----

4. Descarga, almacenamiento y organización de información

 HILO CONDUCTOR

Marcos entiende que gestionar bien los archivos no es solo descargarlos: también implica guardarlos en la ubicación adecuada, nombrarlos correctamente y saber recuperarlos cuando los necesita. Tanto en su ordenador como en la nube, la organización es clave para que el trabajo de todo el almacén fluya sin errores ni pérdidas de tiempo.

Para trabajar con eficiencia y sin pérdidas de información, es fundamental aprender a localizar, situar (guardar) y recuperar archivos dentro de plataformas de almacenamiento *online* como *Google Drive, OneDrive, Dropbox* o herramientas corporativas como *SharePoint* o *Nextcloud*.

4.1. Tipos de archivos habituales en la tramitación en línea

La tramitación digital implica trabajar con distintos formatos de archivo, cada uno con funciones específicas según el tipo de documento o procedimiento que se deba realizar. Conocer estos formatos y saber cuándo utilizarlos facilita la gestión de información, la cumplimentación de formularios, la elaboración de informes y el envío de documentación tanto interna como externamente.

A continuación, se describen los tipos de archivos más utilizados y su función dentro de la tramitación en línea:

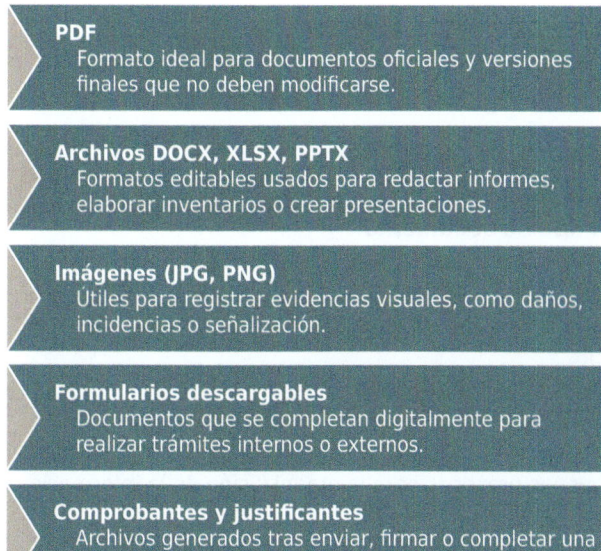

PDF
Formato ideal para documentos oficiales y versiones finales que no deben modificarse.

Archivos DOCX, XLSX, PPTX
Formatos editables usados para redactar informes, elaborar inventarios o crear presentaciones.

Imágenes (JPG, PNG)
Útiles para registrar evidencias visuales, como daños, incidencias o señalización.

Formularios descargables
Documentos que se completan digitalmente para realizar trámites internos o externos.

Comprobantes y justificantes
Archivos generados tras enviar, firmar o completar una gestión digital que sirven como evidencia del trámite.

4.2. Procedimiento de descarga segura y organización de la información descargada

Un **procedimiento de descarga** segura implica verificar siempre la fuente, confirmar el tipo de archivo antes de descargarlo, utilizar un antivirus actualizado y comprobar la ubicación en la que se guardará el documento. Una vez descargada la información, es fundamental organizarla correctamente para poder recuperarla con rapidez.

Para ello, se recomienda estructurar carpetas por proyecto o trámite, por fecha, por tipo de documento o por área temática, además de aplicar buenas prácticas, como usar nombres claros y estandarizados (por ejemplo, "Solicitud_Registro_2025.pdf"), mantener un versionado adecuado de los archivos ("V1", "V2", "Final"), emplear etiquetas o colores que faciliten la identificación visual de la documentación y comprobar la ubicación en la que se guardará el archivo.

Una descarga de la información buena y segura facilita la tramitación de la información.

Una correcta organización permite recuperar rápidamente la información:

- **Por proyecto o trámite**
- **Por fecha**
- **Por tipo de documento**
- **Por área temática**

 **RECUERDA**

Unas buenas prácticas para la organización de la información son:

- Nombrado adecuado y estandarizado (por ejemplo, "Solicitud_Registro_2025.pdf")
- Versionado de documentos (por ejemplo, "V1", "V2", "Final")
- Uso de etiquetas o colores

- -

4.3. Integración con herramientas ofimáticas

Una vez descargada y organizada, la información digital debe integrarse en los distintos documentos y herramientas que forman parte de la tramitación cotidiana. Los datos, imágenes y archivos obtenidos suelen incorporarse a reportes elaborados con procesadores de texto, analizarse en hojas de cálculo, utilizarse como apoyo visual en presentaciones o enviarse a través de correo electrónico y plataformas digitales. Esta integración permite transformar la información en documentos útiles, completos y listos para su comunicación o presentación.

La información descargada suele:

- Adjuntarse a reportes creados en procesadores de textos.
- Analizarse o graficarse en hojas de cálculo.
- Incorporarse como referencia visual en presentaciones.
- Enviarse por correo electrónico o portales digitales.

4.4. Copias de seguridad y almacenamiento externo

La información utilizada en los procesos de tramitación digital debe protegerse adecuadamente para evitar pérdidas, errores o duplicados. Por ello, es fundamental contar con sistemas de respaldo que garanticen la disponibilidad de los documentos en caso de fallo del equipo o eliminación accidental. Las **copias de seguridad** mediante discos duros externos, nubes corporativas o sistemas de sincronización automática permiten mantener la información segura y accesible, reforzando un manejo responsable y profesional de los datos. Para realizar estas copias de seguridad, es recomendable usar lo siguiente:

Discos duros externos
Permiten guardar copias físicas de los documentos, ofreciendo un respaldo independiente del equipo principal.

Nubes corporativas
Almacenan copias seguras en servidores *online* de la empresa, accesibles desde cualquier dispositivo autorizado.

Sincronización automática
Actualiza y respalda archivos en tiempo real, garantizando que siempre exista una copia reciente sin intervención manual.

 **CONSEJO**

El manejo responsable de la información es parte esencial de la tramitación profesional.

5. Herramientas colaborativas en la nube

☞ HILO CONDUCTOR

Marcos consulta un nuevo procedimiento en la carpeta compartida y, antes de usarlo, verifica su fecha, su versión y su autoría para asegurarse de que está actualizado. Más tarde, sube su registro de incidencias, lo nombra correctamente y confirma que se ha sincronizado, permitiendo que su compañera lo encuentre fácilmente. Con estas acciones comprende que no solo es importante compartir documentos, sino también comprobar su veracidad y su actualidad para trabajar con seguridad y eficiencia en el almacén.

En la actualidad, tal y como se ha indicado antes, gran parte de la información se comparte a través de herramientas colaborativas en la nube —como *Google Drive, OneDrive, Dropbox*— o plataformas corporativas como *SharePoint.*

Estas herramientas permiten que distintos trabajadores accedan a documentos comunes desde cualquier lugar y en cualquier momento, lo que facilita la coordinación entre turnos y reduce errores en la comunicación.

Sin embargo, trabajar de forma colaborativa implica también un aspecto esencial: verificar la veracidad y la actualización de la información localizada, ya que un documento desactualizado o no oficial puede generar errores en documentos, procedimientos o tareas operativas.

DEFINICIÓN

Nube
Es un espacio de almacenamiento remoto al que se accede mediante internet. El usuario no guarda los archivos en su ordenador, sino en servidores externos.

5.1. Concepto de almacenamiento en la nube

El almacenamiento en la nube se ha convertido en una herramienta clave para la gestión digital en entornos profesionales. Este modelo permite utilizar aplicaciones, almacenar documentos y trabajar con información directamente desde internet, sin necesidad de instalar programas en cada equipo. Gracias a ello, los usuarios pueden acceder a sus archivos desde cualquier dispositivo, colaborar en tiempo real, mantener los documentos sincronizados y controlar fácilmente las distintas versiones de cada archivo.

Consiste en utilizar aplicaciones y almacenamiento accesibles desde internet sin necesidad de instalaciones locales. Permite:

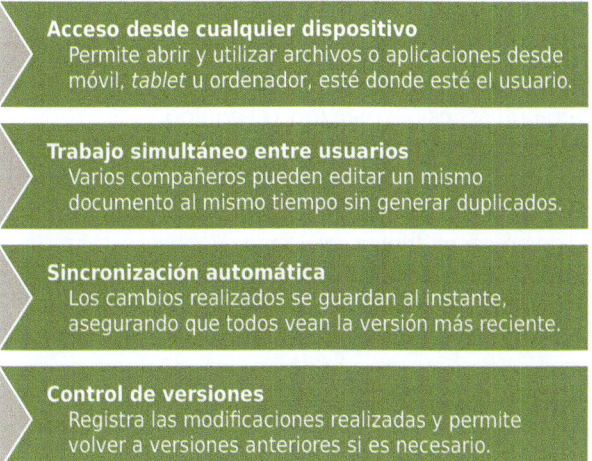

Acceso desde cualquier dispositivo
Permite abrir y utilizar archivos o aplicaciones desde móvil, *tablet* u ordenador, esté donde esté el usuario.

Trabajo simultáneo entre usuarios
Varios compañeros pueden editar un mismo documento al mismo tiempo sin generar duplicados.

Sincronización automática
Los cambios realizados se guardan al instante, asegurando que todos vean la versión más reciente.

Control de versiones
Registra las modificaciones realizadas y permite volver a versiones anteriores si es necesario.

5.2. Plataformas más utilizadas y sus funciones

En el ámbito del almacén, existen diversas plataformas de almacenamiento en la nube que permiten guardar, compartir y consultar documentos desde cualquier dispositivo, mejorando la coordinación entre turnos y equipos:

- ➲ *Google Drive.* Servicio en la nube de *Google* que permite almacenar, compartir y editar archivos de forma colaborativa desde cualquier dispositivo.
- ➲ *OneDrive.* Plataforma de almacenamiento de *Microsoft* integrada con *Office 365,* ideal para trabajar con documentos de *Word, Excel* o *PowerPoint* en línea.

- **Dropbox.** Servicio de almacenamiento sencillo y muy estable, diseñado para sincronizar archivos rápidamente entre distintos equipos.
- **iCloud.** Sistema de almacenamiento de *Apple* que sincroniza fotos, documentos y datos entre dispositivos *iPhone, iPad* y *Mac*.
- **Mega.** Plataforma con gran capacidad de almacenamiento y enfoque en la seguridad, ya que ofrece cifrado de extremo a extremo.
- **Plataformas corporativas (*SharePoint, Nextcloud*).** Soluciones profesionales para empresas que permiten crear espacios de trabajo compartidos, gestionar permisos avanzados y organizar grandes volúmenes de documentación interna.

Cada una de estas herramientas ofrece funciones específicas que facilitan el trabajo diario, desde la edición colaborativa hasta la organización de archivos y el control de versiones. Entre sus principales funciones, encontramos:

- **Crear carpetas compartidas.** Permite agrupar documentos en un espacio común accesible para todo el equipo.
- **Controlar permisos: ver, comentar, editar.** Define qué puede hacer cada usuario para garantizar un uso seguro y ordenado de los archivos.
- **Trabajo colaborativo.** Facilita la colaboración en tiempo real sin necesidad de enviar múltiples versiones.
- **Guardar versiones anteriores.** Conserva el historial de cambios para recuperar documentos previos cuando sea necesario.
- **Subir archivos directamente desde el móvil.** Agiliza la incorporación de fotos, informes o incidencias sin usar un ordenador.
- **Integración con herramientas como:**

  - *Google Docs*
  - *Office 365*
  - Formularios

5.3. Trabajo colaborativo en documentos y en gestión de permisos

El trabajo digital en una empresa requiere que varios compañeros puedan acceder, actualizar y revisar documentos de forma coordinada. Las herramientas colaborativas permiten editar reportes, inventarios, presentaciones o formularios en tiempo real, evitando duplicados y asegurando que todos trabajen con la información más reciente. Para garantizar una tramitación segura y profesional, también es fundamental gestionar adecuadamente los permisos de acceso, definiendo quién puede ver, comentar o editar cada documento.

Los documentos se almacenan en la nube y se sincronizan automáticamente entre dispositivos.

A continuación, se muestran las principales herramientas colaborativas y su uso en la gestión digital:

⮩ **Procesadores de texto:**

    ◌ Añadir comentarios y sugerencias durante la revisión de documentos.
    ◌ Controlar los cambios realizados por distintos usuarios.
    ◌ Hacer seguimiento de versiones, permitiendo recuperar ediciones anteriores.

⮩ **Hojas de cálculo:**

    ◌ Registrar datos en tablas compartidas, como inventarios o incidencias.
    ◌ Trabajar simultáneamente varios usuarios, incluso desde distintos turnos.
    ◌ Proteger rangos o celdas para evitar modificaciones accidentales.

⮩ **Presentaciones:**

    ◌ Diseñar materiales de forma conjunta, como informes o formaciones.
    ◌ Integrar imágenes, gráficos y enlaces en tiempo real, manteniendo la información actualizada.

Para tramitar información correctamente es esencial controlar:

⮩ Quién puede ver, comentar o editar.
⮩ Si los documentos están restringidos solo a la organización.
⮩ Cuándo vencen los enlaces compartidos.

Subir archivos a una plataforma en la nube es un paso esencial para trabajar de forma colaborativa, mantener la información accesible entre turnos y asegurar que todos los miembros del equipo utilizan la misma versión del documento. Esta acción forma parte del flujo habitual de tramitación digital en el almacén, especialmente para registros, inventarios, incidencias o informes diarios.

Los pasos para subir un archivo a una carpeta son:

- **Acceder a la plataforma en la nube.** Inicia sesión en el servicio utilizado por la empresa *(Google Drive, OneDrive, Dropbox, SharePoint...)*.
- **Localizar la carpeta compartida correcta.** Entra en la carpeta correspondiente al turno, departamento o tipo de documento (por ejemplo: Almacén → Inventarios → Turno mañana).
- **Subir el archivo.** Utiliza una de estas opciones:
  Clicar en el botón **Subir archivo** o **Upload.**
  Arrastrar el archivo directamente desde tu ordenador hacia la carpeta.
- **Verificar la sincronización.** Comprueba que el archivo aparece en la carpeta, que no da error y que se ha completado la subida.
- **Nombrar correctamente el documento.** Utiliza nombres claros y estandarizados para facilitar su localización:
  Por ejemplo, "Inventario_TurnoTarde_15-03-2025.xlsx".
- **Confirmar la visibilidad para el equipo.** Revisa que los permisos de la carpeta permitan que el resto de usuarios vean o editen el documento según sea necesario.
- **Añadir una nota o comentario.** Algunas plataformas permiten incluir comentarios para indicar cambios, incidencias o aclaraciones sobre el documento.

La recuperación de archivos en la nube es una tarea clave en la tramitación digital. Permite acceder rápidamente a inventarios, incidencias, órdenes de trabajo o documentos compartidos entre turnos. Saber localizar estos archivos garantiza que se trabaja siempre con la versión más reciente y evita duplicados o errores.

A continuación, se describen los pasos básicos para localizar, acceder y utilizar un archivo almacenado en una carpeta compartida en la nube, utilizando las herramientas disponibles en la plataforma digital de la organización:

- **Acceder al servicio de almacenamiento.** Ingresa en la plataforma utilizada por la empresa *(Google Drive, OneDrive, Dropbox, SharePoint...)*.
- **Entrar en la carpeta correspondiente.** Navega por la estructura de carpetas hasta llegar al área correcta (por ejemplo: Almacén → Incidencias → 2025).
- **Usar la barra de búsqueda interna.** Si hay muchos archivos, escribe una palabra clave o parte del nombre: "incidencia", "inventario", "turno noche", "v3", etc.
- Esto acelera la localización del documento.

⮑ **Seleccionar el archivo necesario.** Una vez localizado, haz clic para abrirlo directamente en la nube o descarga una copia si necesitas trabajar de forma local.

⮑ **Comprobar la versión del documento.** Revisa la fecha de modificación y, si la plataforma lo permite, consulta el historial para asegurarte de que es la versión actual.

⮑ **Verificar permisos si hay problemas de acceso.** Si no puedes abrir el archivo, puede que esté restringido. Solicita acceso o revisa con el responsable que los permisos estén configurados correctamente.

⮑ **Editar o utilizar el archivo según la tarea.** Puedes:

  ◔ Rellenarlo si es un formulario.
  ◔ Actualizar datos en una hoja de cálculo.
  ◔ Añadir comentarios.
  ◔ Integrarlo en un informe.

 **EJEMPLO**

Marcos empieza su turno y necesita revisar las incidencias del día anterior. Accede a *Google Drive*, escribe "Incidencias_14-03" en la barra de búsqueda y encuentra rápidamente el archivo. Comprueba que fue actualizado esa misma noche y lo abre para leer los comentarios. Tras confirmar que es la versión correcta, añade una nota indicando que el problema ha sido resuelto y continúa con su jornada.

5.4. Integración de las herramientas colaborativas en la tramitación en línea

Las herramientas colaborativas no solo facilitan la edición conjunta de documentos, sino que también se integran directamente en los procesos de tramitación digital. Gracias a estas plataformas, es posible recopilar datos, organizar tareas, compartir informes y coordinar acciones entre distintos departamentos de forma rápida y estructurada. Esta integración convierte el trabajo administrativo y operativo en un proceso más ágil, transparente y eficiente.

Algunos ejemplos funcionales pueden ser los siguientes:

- ⮂ Formularios *online* para recopilar información
- ⮂ Portafolios digitales de tareas o trámites
- ⮂ Informes compartidos entre departamentos
- ⮂ Tableros de trabajo colaborativo *(Trello, Planner)*

 PARA SABER MÁS

En el siguiente enlace puedes leer una explicación clara sobre qué son las herramientas colaborativas, cuáles son sus ventajas y algunos ejemplos de uso en entornos profesionales.

https://redirectoronline.com/3002010201

5.5. Verificación de la veracidad y actualización de la información

Para garantizar un uso adecuado, cada vez que se localiza un documento en la nube, el empleado debe comprobar:

- ⮂ **Autoría y origen del documento:**

  - ◑ ¿Está en la carpeta oficial de la empresa?
  - ◑ ¿Lo ha subido un responsable o un compañero autorizado?
  - ◑ ¿Aparece identificado en el historial quién lo creó o modificó?

- ⮂ **Fecha de última modificación.** Es imprescindible confirmar:

  - ◑ Si el archivo corresponde a la versión más reciente.
  - ◑ Si coincide con las instrucciones vigentes del procedimiento.
  - ◑ Si ha sido actualizado recientemente por el departamento correspondiente.

- **Nombre del archivo y versión.** Los nombres deben ser claros:
  - Por ejemplo, "Procedimiento_Picking_v4_2025.pdf".
  - Esto ayuda a confirmar que no se está usando una versión antigua.
- **Contraste con la información oficial.** Si el documento contiene datos normativos (por ejemplo, sobre PRL o manipulación de cargas), se recomienda comprobar su origen o compararlo con su fuente en internet o en la intranet corporativa.
- **Verificación mediante historial.** Las plataformas de la nube permiten ver:
  - Quién subió el documento.
  - Qué cambios se realizaron.
  - Cuándo se modificó.
  - Cuáles son las versiones anteriores disponibles.

  Esto facilita comprobar si la información es fiable.
  Guardar partes diarios o informes en un mismo repositorio.

TAREA 4

Imagina que trabajas en el almacén y que debes compartir con tu equipo un documento de inventario. Para ello, utilizas la plataforma en la nube que la empresa tiene habilitada.

Además, necesitas recuperar un archivo que tu compañera subió el día anterior a la misma carpeta compartida. ¿Cómo lo harías?

ACTIVIDAD 2

Una persona trabajadora necesita preparar un informe interno sobre la manipulación segura de cargas.

Para ello, realiza una búsqueda en internet y encuentra dos documentos en formato PDF:

- Documento A: PDF alojado en una página web desconocida, sin información clara sobre la autoría ni la fecha de publicación.

Continúa en página siguiente >>

<< Viene de página anterior

- Documento B: PDF disponible en la web oficial del INSST (Instituto Nacional de Seguridad y Salud en el Trabajo), con logotipo institucional, fecha de actualización visible y referencia normativa.

La persona descarga el Documento A y lo utiliza directamente para elaborar el informe, sin realizar ninguna comprobación adicional.

¿Qué error se ha cometido en este caso al seleccionar el documento?

 ACTIVIDAD COMPLEMENTARIA

2. Lee el siguiente artículo y extrae las ideas principales:

https://redirectoronline.com/3002010202

---

6. Resumen

El acceso a la información en entornos digitales requiere conocer cómo funcionan los servicios y las herramientas que permiten navegar, localizar y filtrar datos de manera precisa. La red se presenta como un espacio amplio y dinámico donde conviven contenidos de diversa calidad, por lo que resulta esencial manejar criterios de selección y herramientas que faciliten la identificación de fuentes fiables y actualizadas. Los navegadores, junto con los motores de búsqueda, actúan como puertas de entrada que permiten interactuar con plataformas, servicios y repositorios especializados.

A medida que se profundiza en la búsqueda activa, aparecen escenarios distintos, como internet, intranets corporativas o redes privadas, que ofrecen información estructurada para tareas profesionales. La interacción con estos entornos exige dominar procesos de acceso seguro, gestionar credenciales y aplicar estrategias que faciliten la localización eficiente de documentos, datos y recursos digitales. La evaluación crítica de la información se convierte en una habilidad clave para separar lo relevante de lo accesorio y para garantizar que los contenidos utilizados en cualquier trámite sean precisos y verificables.

La gestión de archivos descargados adquiere un papel fundamental en la organización del trabajo digital. Mantener un sistema claro de carpetas, nombres y versiones permite recuperar información con rapidez y asegurar la trazabilidad de cada documento. El uso de aplicaciones ofimáticas facilita el tratamiento posterior de estos datos, ya sea para sintetizarlos, compararlos o integrarlos en informes y presentaciones que sirvan como soporte en procesos de comunicación o tramitación.

El trabajo colaborativo en la nube agrega una capa adicional a esta dinámica, permitiendo crear, compartir y editar información en tiempo real. Las plataformas colaborativas aportan herramientas para gestionar permisos, coordinar aportaciones y mantener un control riguroso de cambios y versiones. De este modo, la información circula de forma fluida entre distintos usuarios, contribuyendo a una gestión más ágil, transparente y organizada dentro de cualquier entorno profesional.

Ejercicios de autoevaluación
Unidad de Aprendizaje 2

1. ¿Qué herramienta actúa como puerta de entrada para acceder a internet, intranet y LAN?

   a. El sistema operativo
   b. El navegador web
   c. El antivirus
   d. El correo electrónico

2. ¿Cuál es la principal ventaja de utilizar operadores de búsqueda como filetype:pdf o comillas en internet?

   a. Aumentar el tamaño de los archivos.
   b. Obtener resultados más precisos.
   c. Evitar la descarga de documentos.
   d. Bloquear publicidad.

3. ¿Qué entorno digital se utiliza para localizar procedimientos internos y plantillas corporativas editables?

   a. Redes sociales
   b. Intranet
   c. Perfiles personales
   d. Blogs externos

4. ¿Dónde se suelen almacenar los inventarios y registros diarios que se editan entre turnos?

   a. Tarjetas de memoria personales
   b. Red local (LAN)
   c. Foros web
   d. Correo personal

5. Una de las ventajas de trabajar con la nube en la tramitación digital es que:

   a. Los archivos solo se guardan en un dispositivo.
   b. Los documentos no pueden compartirse.

    c. Todos los usuarios acceden a la versión más reciente.
    d. No se guardan cambios.

6. ¿Qué elemento es indispensable para comprobar la veracidad de un documento localizado?

    a. Que tenga un diseño llamativo.
    b. Que sea muy ligero.
    c. Que proceda de una fuente oficial y tenga fecha clara.
    d. Que sea difícil de descargar.

7. ¿Qué permite el control de permisos en documentos colaborativos?

    a. Aumentar el peso de los archivos.
    b. Decidir quién puede ver, comentar o editar.
    c. Bloquear el acceso a toda la organización.
    d. Cambiar el formato automáticamente.

8. ¿Qué herramienta se usa para registrar datos compartidos como inventarios o incidencias en tiempo real?

    a. Presentaciones en PowerPoint
    b. Hojas de cálculo colaborativas
    c. Editores de vídeo
    d. Juegos en línea

9. ¿Qué opción describe mejor la sincronización automática en la nube?

    a. Guarda los cambios únicamente al apagar el equipo.
    b. Actualiza los archivos en tiempo real sin intervención del usuario.
    c. Elimina versiones anteriores.
    d. Solo funciona con archivos PDF.

10. ¿Cuál es una buena práctica al organizar documentos descargados para tramitación?

    a. Guardar todo en una sola carpeta.
    b. Usar nombres genéricos, como "documento1".

c. Crear carpetas por tipo de trámite, fecha o área y aplicar versionado.
d. Cambiar el formato al azar.

Comunicación y tramitación electrónica

Contenido

Objetivos

El objetivo específico de esta Unidad de Aprendizaje es:

→ Valorar la utilidad de las páginas institucionales y de internet para la realización de trámites administrativos, identificando fuentes oficiales y comprobando la fiabilidad de la información.

1. Introducción

La transformación digital ha cambiado la forma en la que las empresas se comunican y gestionan sus trámites administrativos. Cada vez es más habitual que la información, las solicitudes y los documentos se transmitan por medios electrónicos, tanto dentro de la organización como en la relación con las Administraciones públicas y otros organismos externos.

En este contexto, el trabajador debe conocer y utilizar correctamente los distintos canales de comunicación digital disponibles en la empresa. El correo electrónico corporativo, la mensajería interna, los formularios electrónicos o las plataformas corporativas permiten agilizar procesos, mejorar la coordinación y dejar constancia de las gestiones realizadas.

Además de manejar estas herramientas, resulta imprescindible saber identificar información fiable y comprobar su veracidad. Internet ofrece un gran volumen de recursos, pero no todos son oficiales ni están actualizados. Por ello, es fundamental aprender a distinguir fuentes seguras, verificar remitentes, comprobar dominios y contrastar datos antes de utilizar la información en un trámite administrativo.

En este escenario de trabajo digitalizado, el uso correcto de estas herramientas forma parte de la rutina diaria del personal y condiciona directamente la organización del trabajo. La comunicación electrónica ya no es un apoyo puntual, sino un elemento clave para acceder a la información, realizar trámites y cumplir con los procedimientos establecidos, por lo que resulta necesario integrarla de manera eficaz y responsable en el desempeño profesional. Veremos todo esto en el caso de Marcos.

2. Canales de comunicación digital en la empresa

☞ HILO CONDUCTOR

Marcos llega a su puesto y, antes de comenzar la jornada, revisa el correo corporativo, los avisos de la intranet y los mensajes de la aplicación interna. Comprueba que cada canal se utiliza para un tipo de información distinto: los

Continúa en página siguiente >>

<< Viene de página anterior

correos para instrucciones formales, la mensajería para coordinaciones rápidas y la plataforma interna para comunicados oficiales y entiende así la importancia de elegir correctamente el canal de comunicación digital en la empresa.

En un entorno laboral digitalizado, los equipos necesitan coordinarse de forma ágil, segura y eficaz. Para ello, las organizaciones emplean distintos canales de comunicación digital, cada uno con un propósito concreto y unas normas de uso profesional. Conocerlos y elegir el más adecuado en cada situación mejora la eficiencia y evita malentendidos.

2.1. Correo electrónico corporativo

El **correo electrónico** sigue siendo el canal formal por excelencia dentro de la empresa. Se utiliza para comunicaciones que requieren registro, trazabilidad o documentación adjunta:

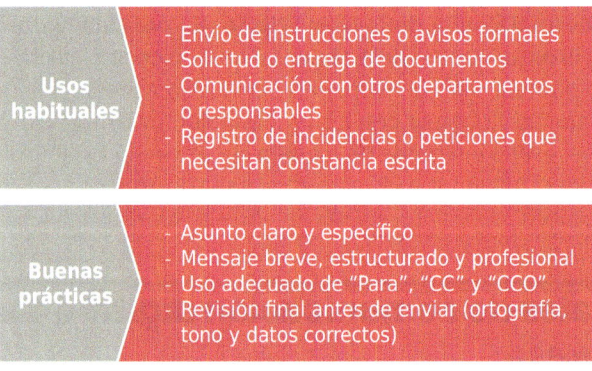

Usos habituales	- Envío de instrucciones o avisos formales - Solicitud o entrega de documentos - Comunicación con otros departamentos o responsables - Registro de incidencias o peticiones que necesitan constancia escrita
Buenas prácticas	- Asunto claro y específico - Mensaje breve, estructurado y profesional - Uso adecuado de "Para", "CC" y "CCO" - Revisión final antes de enviar (ortografía, tono y datos correctos)

2.2. Mensajería instantánea corporativa

Aplicaciones como *Microsoft Teams, Slack* o *WhatsApp Business* permiten una comunicación rápida y directa. Son útiles para resolver dudas inmediatas, coordinar tareas urgentes o compartir información breve:

Microsoft Teams	Es una plataforma de comunicación corporativa que integra mensajería instantánea, videollamadas, reuniones online y uso compartido de archivos. Permite trabajar de forma colaborativa, organizar equipos por canales y centralizar la comunicación y la documentación en un mismo entorno de trabajo.
Slack	Es una herramienta de mensajería profesional orientada a la comunicación interna entre equipos. Organiza las conversaciones por canales temáticos, facilita el intercambio rápido de información y se integra con múltiples aplicaciones de trabajo, lo que agiliza la coordinación y el seguimiento de tareas.
WhatsApp Business	Es una versión de *WhatsApp* diseñada para el ámbito profesional. Permite una comunicación rápida con clientes o equipos de trabajo, ofrece funciones como perfiles de empresa, mensajes automáticos y respuestas rápidas, y se utiliza principalmente para avisos breves y comunicaciones inmediatas, siempre respetando las normas internas de uso.

A continuación, se resumen los principales aspectos a tener en cuenta en el uso de la mensajería instantánea corporativa, diferenciando sus ventajas, los casos en los que resulta más adecuada y las precauciones necesarias para un uso profesional y seguro:

⊃ **Ventajas:**

- Inmediatez
- Comunicación más fluida entre equipos
- Integración con otras herramientas de trabajo

⊃ **Cuándo utilizarla:**

- Consultas breves
- Avisos internos rápidos
- Coordinación en tiempo real

⊃ **Riesgos y precauciones:**

- No sustituye al correo cuando se requiere formalidad o registro.
- Evitar mensajes fuera de horario laboral si no está pactado.
- Comprobar siempre la veracidad de archivos o enlaces antes de abrirlos.

2.3. Plataformas de comunicación interna

Muchas empresas utilizan sistemas propios —intranets, ERP, SGA o paneles internos— que centralizan la comunicación y el acceso a la información corporativa.

Estas plataformas permiten:

- ⮞ **Publicación de avisos oficiales.** Las plataformas de comunicación interna permiten difundir avisos importantes de forma centralizada y accesible para todo el personal. Estos avisos pueden incluir cambios en procedimientos, turnos, normas de seguridad o instrucciones operativas. Al publicarse en un canal oficial, se garantiza que la información sea la misma para todos los trabajadores y que se consulte siempre la versión más actualizada.
- ⮞ **Acceso a protocolos, manuales y documentos actualizados.** A través de estas plataformas, los empleados pueden consultar protocolos de trabajo, manuales de uso de maquinaria, normas internas o guías de actuación. Esto evita el uso de documentos obsoletos y facilita que la información esté siempre disponible, organizada y actualizada, mejorando la calidad y seguridad en el desempeño de las tareas.
- ⮞ **Gestión de incidencias o solicitudes internas.** Las herramientas internas permiten registrar incidencias, averías o solicitudes de forma estructurada. Cada comunicación queda registrada, asignada al departamento correspondiente y puede ser seguida hasta su resolución. Este sistema mejora la trazabilidad de los procesos y evita pérdidas de información o malentendidos.
- ⮞ **Comunicación entre departamentos sin necesidad de correo.** Las plataformas internas facilitan la comunicación directa entre distintos departamentos sin recurrir al correo electrónico. Esto agiliza la coordinación, reduce la saturación de la bandeja de entrada y permite que la información quede integrada en el propio sistema de trabajo, asociada a tareas, proyectos o procesos concretos.

Estas plataformas constituyen una fuente fiable de información, ya que los contenidos publicados proceden directamente de la propia organización y están validados por los responsables correspondientes. No obstante, el trabajador debe comprobar siempre que está consultando la versión más reciente de los documentos, revisando fechas de actualización o avisos de modificación, para evitar el uso de información obsoleta en el desarrollo de sus tareas.

2.4. Reuniones y videoconferencias

Las **reuniones digitales** son esenciales cuando se necesita debatir temas complejos, coordinar equipos o resolver dudas que requieren interacción directa.

A continuación, se explican las pautas profesionales básicas en reuniones y videoconferencias, fundamentales para una comunicación eficaz en el entorno laboral:

Conectarse puntual
Acceder a la reunión a la hora establecida demuestra profesionalidad y respeto hacia el tiempo de los demás. La puntualidad permite que la reunión comience sin interrupciones y facilita el seguimiento completo de la información que se va a tratar.

Mantener el micrófono apagado mientras no se interviene
Mantener el micrófono desactivado evita ruidos de fondo que puedan distraer o dificultar la comunicación. Esta práctica mejora la calidad del sonido y permite que las intervenciones sean claras y ordenadas.

Activar la cámara cuando se requiera
En determinadas reuniones, la empresa puede solicitar el uso de la cámara para mejorar la interacción, favorecer la atención y reforzar la comunicación no verbal. Activar la cámara en estos casos contribuye a una participación más activa y profesional.

Preparar previamente la información a presentar
Antes de la reunión, es importante revisar los datos, documentos o presentaciones que se van a exponer. Esta preparación facilita una explicación clara, evita improvisaciones y contribuye a que la reunión sea más eficaz y productiva.

Las reuniones *online* permiten que la información fluya de forma clara, evitando malentendidos que pueden aparecer en canales escritos.

Algunas herramientas habituales para realizar reuniones y videoconferencias en el entorno laboral son:

⊃ *Microsoft Teams.* Permite organizar reuniones *online,* realizar videollamadas, compartir pantalla y trabajar con documentos en tiempo real. Es muy utilizada en las empresas, porque integra la comunicación y la colaboración en un mismo entorno.
⊃ *Zoom.* Es una herramienta ampliamente utilizada para reuniones virtuales, formaciones y presentaciones. Permite crear salas de reunión,

compartir pantalla, grabar sesiones y gestionar la participación de los asistentes.

⮕ **Google Meet.** Facilita la realización de videollamadas directamente desde el navegador, sin necesidad de instalar aplicaciones adicionales. Se utiliza para reuniones de trabajo, tutorías y coordinación entre equipos.

⮕ **Skype.** Es una herramienta de comunicación que permite realizar videollamadas y llamadas de voz, así como compartir archivos y mensajes. Aunque su uso ha disminuido, sigue presente en algunos entornos profesionales.

2.5. ¿Cómo elegir el canal adecuado?

Cada canal responde a un objetivo distinto. Una buena elección facilita la comunicación y evita errores.

Situación	Canal recomendado	Motivo
Información oficial o documentos	Correo corporativo	Registra y deja constancia
Duda rápida o coordinación inmediata	Mensajería instantánea	Inmediatez
Consultar protocolos o avisos	Intranet/plataforma interna	Fuente oficial actualizada
Explicar un tema complejo o resolver conflictos	Videollamada	Comunicación directa

En cualquier canal digital, el trabajador debe ser capaz de comprobar la veracidad de la información antes de actuar. Esto implica:

⮕ Confirmar quién es el remitente del mensaje.
⮕ Revisar enlaces antes de abrirlos.
⮕ Contrastar datos con fuentes oficiales (intranet o documentación corporativa).
⮕ No difundir información sin verificar.
⮕ El uso responsable de los canales de comunicación digital protege a la empresa frente a errores, malentendidos y riesgos de seguridad.

NOTA

Elegir mal el canal de comunicación puede provocar errores o retrasos en el trabajo. Por ejemplo, enviar una instrucción importante por mensajería instantánea puede hacer que se pierda, mientras que el correo electrónico garantiza que quede registrada.

---

3. Formularios y solicitudes electrónicas

👉 **HILO CONDUCTOR**

Durante su jornada, Marcos necesita comunicar una incidencia en el sistema de almacenamiento y solicitar un día de permiso. En lugar de rellenar impresos en papel, accede a la plataforma digital de la empresa, completa los formularios electrónicos correspondientes y envía la solicitud, comprobando que los datos introducidos son correctos y que el trámite queda registrado.

La tramitación electrónica permite a las empresas y a las administraciones gestionar solicitudes y comunicaciones de forma más rápida y organizada. Los formularios electrónicos sustituyen a los documentos en papel y facilitan el registro, seguimiento y control de los trámites realizados por los trabajadores.

3.1. Los formularios electrónicos

Los **formularios electrónicos** son documentos digitales diseñados para recopilar información de forma estructurada. Permiten enviar datos de manera segura y automática, evitando errores y mejorando la eficiencia administrativa.

Se utilizan tanto en el ámbito interno de la empresa como en la relación con organismos públicos y entidades externas.

Muchas empresas utilizan **formularios de *Google*** como herramienta para la recogida y gestión de información de forma sencilla y rápida. Estos formularios permiten crear cuestionarios y solicitudes personalizadas que se completan de manera *online* y cuyos resultados se almacenan automáticamente.

En el entorno laboral, los formularios de *Google* se emplean habitualmente para:

● Solicitudes de material o recursos
● Registro de incidencias o averías
● Petición de permisos, vacaciones o cambios de turno
● Encuestas internas y recogida de opiniones
● Control de asistencia a formaciones o reuniones

Entre sus principales ventajas destacan la facilidad de uso, el acceso desde cualquier dispositivo con conexión a internet y la posibilidad de recopilar las respuestas de forma ordenada en una hoja de cálculo. Además, permiten limitar el acceso a usuarios de la empresa y establecer controles básicos de seguridad.

Antes de completar un formulario de este tipo, es importante comprobar que ha sido creado por la empresa o por una persona autorizada, que el enlace procede de un canal corporativo y que la información solicitada es coherente con el trámite a realizar, garantizando así la fiabilidad del proceso.

 **VÍDEO**

A continuación, visualiza el siguiente vídeo acerca de los formularios de *Google Forms:*

https://redirectoronline.com/3002010301

3.2. Tipos de formularios electrónicos en la empresa

En el entorno laboral, los formularios electrónicos más habituales son:

Solicitudes de material o recursos
Se utilizan para pedir herramientas, equipos, consumibles o recursos necesarios para realizar el trabajo. El formulario permite especificar el tipo de material, la cantidad y el motivo de la solicitud, facilitando que el departamento responsable gestione la petición de forma ordenada y registrada.

Comunicación de incidencias o averías
Sirven para informar de fallos en equipos, instalaciones o sistemas. A través de estos formularios se describen los hechos, la fecha y el lugar de la incidencia, lo que permite una actuación rápida y un seguimiento del problema hasta su resolución.

Solicitudes de permisos, vacaciones o cambios de turno
Estos formularios permiten al trabajador solicitar ausencias, días de descanso o modificaciones en su horario. El uso de solicitudes electrónicas garantiza que la petición quede registrada, pueda ser autorizada por el responsable correspondiente y se conserve un historial de las gestiones realizadas.

Partes de trabajo y registros de actividad
Se emplean para reflejar las tareas realizadas durante la jornada laboral, el tiempo dedicado a cada actividad o el estado de un proceso. Estos registros ayudan a organizar el trabajo, evaluar el rendimiento y disponer de información fiable para la planificación y el control de la actividad.

Estos formularios suelen estar integrados en la intranet o en aplicaciones corporativas, lo que garantiza que la información llegue al departamento correspondiente.

3.3. Cumplimentación y envío de formularios

La correcta cumplimentación y envío de formularios electrónicos es un paso fundamental para que cualquier trámite administrativo se gestione de forma eficaz. Rellenar los datos con atención, seguir las instrucciones indicadas y revisar la información antes de enviarla garantiza que la solicitud sea válida, quede registrada correctamente y pueda ser tramitada sin retrasos ni errores.

Para realizar correctamente un trámite electrónico es importante:

- **Leer atentamente las instrucciones del formulario.** Antes de comenzar a rellenar un formulario, es fundamental leer las indicaciones que aparecen en él. Estas instrucciones explican qué datos se solicitan, cómo deben introducirse y qué documentación puede ser necesaria, evitando errores o envíos incorrectos.
- **Rellenar todos los campos obligatorios.** Los campos obligatorios son necesarios para que el trámite pueda gestionarse correctamente. Si alguno queda sin completar, el formulario puede no enviarse o ser rechazado, retrasando la gestión administrativa.
- **Revisar los datos antes de enviar.** Comprobar la información introducida permite detectar errores, datos incompletos o incoherencias. Una revisión final asegura que el formulario sea correcto y evita la necesidad de repetir el trámite.
- **Comprobar que se recibe una confirmación o un justificante del envío.** Tras enviar el formulario, es importante verificar que se ha recibido un mensaje de confirmación, un número de registro o un justificante. Este comprobante sirve como prueba de que el trámite se ha realizado correctamente y permite realizar un seguimiento si fuera necesario.

Este proceso asegura que la solicitud queda registrada y, por tanto, puede ser consultada o revisada posteriormente.

Además de los trámites internos, muchas gestiones administrativas se realizan a través de páginas institucionales. Organismos públicos ofrecen formularios oficiales para solicitar certificados, comunicar datos o realizar consultas.

El uso de estas páginas facilita el acceso a trámites sin necesidad de desplazamientos y permite gestionar documentación de forma segura y eficaz.

La **verificación y fiabilidad** de los formularios electrónicos es esencial para asegurar que los trámites se realizan de forma segura y correcta. Antes de completar y enviar un formulario, es necesario comprobar que procede de una fuente oficial o autorizada, que la información solicitada es coherente y que el entorno digital ofrece garantías de seguridad, evitando así errores, usos indebidos o posibles fraudes.

Esta comprobación permite cumplir con el criterio de veracidad de la información y evita errores o fraudes.

EJEMPLO

Marcos, antes de rellenar un formulario para solicitar un permiso, comprueba que accede a la intranet oficial de la empresa, revisa que la página es segura y verifica que los datos solicitados son los habituales para ese trámite, asegurándose así de que la solicitud es fiable y válida.

4. Firma digital y certificados electrónicos

HILO CONDUCTOR

Marcos recibe una notificación para validar un documento relacionado con un trámite interno. En lugar de imprimirlo y firmarlo a mano, utiliza su certificado electrónico para firmarlo digitalmente y enviarlo a través de la plataforma corporativa, comprobando que la firma es válida y que el documento queda registrado correctamente.

La **firma digital** y los **certificados electrónicos** permiten identificar a una persona o entidad en el entorno digital y garantizar la autenticidad de los documentos electrónicos. Su uso es fundamental en la empresa y en la relación con las administraciones públicas, ya que aportan seguridad jurídica, evitan suplantaciones y aseguran la integridad de la información transmitida.

4.1. ¿Qué es la firma digital?

La **firma digital** es un mecanismo electrónico que permite vincular a una persona con un documento digital, garantizando que:

⇨ El firmante es quien dice ser.
⇨ El contenido del documento no ha sido modificado.
⇨ La firma tiene validez legal.

A diferencia de una firma manuscrita escaneada, la firma digital utiliza sistemas criptográficos que aseguran la autenticidad del documento.

4.2. Aplicación *Autofirma*

AutoFirma es una aplicación oficial utilizada para la firma electrónica de documentos y formularios en numerosos trámites administrativos realizados a través de páginas institucionales. Permite firmar digitalmente de forma segura utilizando un certificado electrónico o el DNI electrónico.

Su uso es habitual cuando se realizan trámites en sedes electrónicas, ya que garantiza:

- La identidad del firmante
- La integridad del documento firmado
- La validez legal del trámite

Durante la cumplimentación de un formulario electrónico, la página institucional puede solicitar el uso de *AutoFirma* para completar el proceso. En estos casos, la aplicación se ejecuta en el equipo del usuario y permite firmar el documento sin necesidad de imprimirlo. Para utilizar *AutoFirma* correctamente, es importante:

- Tener instalado un certificado electrónico válido.
- Descargar la aplicación desde fuentes oficiales.
- Comprobar que la firma se realiza correctamente antes de finalizar el trámite.

El uso de *AutoFirma* facilita la tramitación electrónica, evita desplazamientos y refuerza la seguridad y la fiabilidad de los procedimientos administrativos.

4.3. ¿Qué es un certificado electrónico?

El **certificado electrónico** es un archivo digital que identifica a una persona física, jurídica o entidad. Contiene datos del titular y es emitido por una autoridad de certificación reconocida. Permite:

- Firmar documentos electrónicamente.
- Acceder a servicios digitales seguros.
- Realizar trámites administrativos *online*.

4.4. Tipos de certificados electrónicos

Los certificados electrónicos no son todos iguales, ya que se utilizan para identificar distintos tipos de usuarios y realizar trámites diferentes. Conocer los tipos de certificados electrónicos y su finalidad permite seleccionar el más adecuado en cada situación y utilizarlo correctamente en la empresa y en la relación con las administraciones públicas.

Los certificados más habituales son:

Certificado de persona física
Utilizado por trabajadores para trámites personales o profesionales.

Certificado de persona jurídica
Empleado por empresas.

DNI electrónico (DNIe)
Incorpora un certificado digital integrado.

Certificados corporativos
Utilizados en plataformas internas de la empresa.

Cada tipo de certificado tiene un uso específico y un periodo de validez determinado.

4.5. Usos de la firma digital en la empresa

La firma digital se ha convertido en una herramienta imprescindible en el ámbito empresarial, ya que permite validar documentos y trámites de forma segura y con validez legal. Conocer los usos de la firma digital en la empresa facilita la gestión administrativa, agiliza los procesos internos y reduce la necesidad de utilizar documentos en papel.

En el **ámbito laboral,** la firma digital se utiliza para:

➲ Firmar contratos o anexos laborales.
➲ Autorizar solicitudes y documentos internos.
➲ Validar comunicaciones oficiales.
➲ Enviar documentación a organismos públicos.

 **CONSEJO**

El uso de la firma digital agiliza los trámites y reduce el uso de papel.

- -

Antes de aceptar un documento firmado digitalmente, es importante comprobar:

➲ Que la firma es válida y no está caducada.
➲ Que el certificado pertenece al firmante.
➲ Que el documento no ha sido modificado tras la firma.

Esta verificación permite cumplir con el criterio de comprobación de la veracidad de la información, evitando errores o documentos no válidos.

4.6. Seguridad y buenas prácticas

Para un **uso seguro** de la firma digital y de los certificados electrónicos se recomienda:

➲ No compartir el certificado ni las contraseñas.
➲ Guardar el certificado en dispositivos seguros.
➲ Renovar el certificado antes de su caducidad.
➲ Cerrar sesión tras finalizar el trámite.

El uso responsable de estas herramientas protege la identidad digital del trabajador y la seguridad de la empresa.

5. Páginas institucionales

 **HILO CONDUCTOR**

Marcos necesita consultar un certificado y realizar un trámite relacionado con la Seguridad Social. Para ello, accede a la sede electrónica correspondiente, revisa

Continúa en página siguiente >>

<< Viene de página anterior

que se trata de una página oficial y completa el trámite *online*, comprobando que la información es clara, actualizada y que el proceso se realiza de forma segura.

Las páginas institucionales son portales web oficiales creados por organismos públicos para ofrecer información veraz y permitir la realización de trámites administrativos de forma electrónica. Conocer estas páginas y saber utilizarlas correctamente es fundamental para acceder a servicios públicos, gestionar documentación y obtener información fiable y actualizada.

5.1. ¿Qué son las páginas institucionales?

Las **páginas institucionales** son sitios web pertenecientes a administraciones públicas y organismos oficiales. Su objetivo es informar a la ciudadanía y facilitar la gestión de trámites administrativos sin necesidad de desplazamientos.

Estas páginas ofrecen contenidos oficiales, actualizados y con validez legal como, por ejemplo:

- **Agencia Tributaria.** Se pueden consultar y presentar declaraciones o solicitar certificados fiscales.
- **Seguridad Social.** Permite acceder a la vida laboral, a prestaciones y a otros servicios relacionados con el empleo.
- **SEPE.** A través del SEPE se gestionan prestaciones por desempleo y trámites laborales.
- **DGT.** Ofrece servicios relacionados con permisos de conducción, vehículos y sanciones.
- **Sedes electrónicas de ayuntamientos y comunidades autónomas.** Utilizadas para trámites municipales, empadronamiento, impuestos locales o solicitudes diversas.

 **PARA SABER MÁS**

En los siguientes enlaces puedes acceder a las páginas institucionales más utilizadas:

Agencia Tributaria

https://redirectoronline.com/3002010302

Seguridad Social

https://redirectoronline.com/3002010303

Servicio Público de Empleo

https://redirectoronline.com/3002010304

Continúa en página siguiente >>

<< Viene de página anterior

Dirección General de Tráfico

https://redirectoronline.com/3002010305

5.2. Características de una página institucional fiable

Para utilizar correctamente los servicios digitales de la Administración, es fundamental saber reconocer una página institucional fiable. Identificar sus características permite asegurarse de que la información consultada es oficial, segura y actualizada, evitando errores y posibles fraudes en la realización de trámites administrativos.

Para comprobar que una página institucional es auténtica y segura, se deben tener en cuenta los siguientes aspectos:

- **Dominio oficial.** Las páginas institucionales utilizan dominios oficiales que identifican claramente a la administración a la que pertenecen. Comprobar el dominio permite confirmar que se trata de un organismo público y no de una página privada o fraudulenta.
- **Conexión segura (https).** La presencia de https en la dirección web indica que la comunicación entre el usuario y la página está cifrada. Esto garantiza que los datos introducidos, como información personal o formularios, se transmiten de forma segura.
- **Identificación clara del organismo responsable.** Una página institucional fiable muestra de forma visible el nombre del organismo, su logotipo y datos de contacto. Esta información permite identificar quién es el responsable del contenido y de los servicios ofrecidos.
- **Información estructurada y coherente.** Los contenidos oficiales suelen estar organizados de manera clara, con apartados bien definidos, lenguaje formal y ausencia de errores graves. Una estructura coherente facilita la consulta y refuerza la fiabilidad de la información.
- **Acceso a sedes electrónicas y servicios oficiales.** Las páginas institucionales ofrecen enlaces a sedes electrónicas donde se realizan

trámites con validez legal. La presencia de estos servicios confirma que la página permite gestionar procedimientos administrativos de forma oficial y segura.

5.3. Trámites que se pueden realizar en páginas institucionales

Las páginas institucionales no solo ofrecen información oficial, sino que también permiten realizar numerosos trámites administrativos de forma electrónica. Conocer los principales trámites disponibles facilita la gestión de documentos, ahorra tiempo y evita desplazamientos, haciendo más accesibles los servicios de la Administración.

Las **páginas institucionales** permiten realizar numerosos trámites, entre ellos:

- ⊃ Solicitud de certificados oficiales
- ⊃ Presentación de solicitudes y formularios electrónicos
- ⊃ Consulta del estado de expedientes
- ⊃ Obtención de citas previas
- ⊃ Acceso a notificaciones electrónicas

NOTA

La tramitación electrónica ahorra tiempo y facilita la gestión administrativa.

- -

El uso de páginas institucionales ofrece importantes ventajas:

- ⊃ Acceso a información oficial y actualizada
- ⊃ Disponibilidad 24/7
- ⊃ Reducción de desplazamientos
- ⊃ Mayor rapidez en la gestión de trámites

5.4. Uso responsable y verificación de la información

El **uso responsable y la verificación de la información** son fundamentales incluso cuando se consultan páginas institucionales, ya que los trámites administrativos pueden cambiar con el tiempo.

Aunque se trate de páginas oficiales, es importante:

Consultar la información más reciente
Las normativas, plazos y procedimientos pueden actualizarse. Revisar la fecha de publicación o de última actualización ayuda a asegurarse de que la información utilizada sigue siendo válida.

Verificar fechas y requisitos del trámite
Antes de iniciar un trámite, es importante comprobar los plazos, la documentación necesaria y las condiciones exigidas, evitando errores o solicitudes incompletas.

No utilizar enlaces externos no verificados
Es recomendable acceder siempre a los trámites desde la página institucional oficial y evitar enlaces externos desconocidos que puedan dirigir a sitios no seguros o no oficiales.

Guardar justificantes y comprobantes
Tras realizar un trámite electrónico, se deben conservar los resguardos, números de registro o comprobantes de envío. Estos documentos sirven como prueba de la gestión realizada y permiten realizar seguimientos o reclamaciones si fuera necesario.

La comprobación de la veracidad de la información localizada garantiza un uso seguro y eficaz de los servicios digitales.

 **EJEMPLO**

Marcos necesita acreditar su experiencia laboral. Puede acceder a la página institucional de la Seguridad Social y solicitar su informe de vida laboral de forma electrónica, descargándolo en el momento sin necesidad de acudir presencialmente a una oficina. Del mismo modo, una empresa puede utilizar la página

Continúa en página siguiente >>

<< Viene de página anterior

de la Agencia Tributaria para presentar declaraciones o consultar notificaciones oficiales, aprovechando la rapidez y la seguridad que ofrecen las páginas institucionales para la realización de trámites administrativos.

 TAREA 5

Imagina que trabajas en el departamento administrativo de la empresa y que tu responsable te solicita que compruebes si la empresa se encuentra al corriente de los pagos con la Administración para poder presentar una documentación oficial. Para ello, tendrás que utilizar internet y una página institucional oficial, realizando el trámite de forma electrónica.

Indica qué página institucional utilizarías para realizar el trámite y señala qué comprobaciones harías para asegurarte de que la información obtenida es correcta y está actualizada.

6. Seguridad, protección y normativa en la gestión digital

☞ HILO CONDUCTOR

Un día, Marcos recibe una notificación para actualizar unos datos personales y descargar un documento oficial necesario para un trámite interno. Antes de iniciar el proceso, accede a la sede electrónica correspondiente y comprueba que la web pertenece a un organismo oficial, que la conexión es segura y que la información incluye avisos legales y políticas de protección de datos.

Durante el trámite, Marcos utiliza su sistema de identificación digital para acceder, revisa con atención los datos que va a enviar y confirma que el documento descargado está firmado electrónicamente. Gracias a estas comprobaciones, puede realizar la gestión con confianza, sabiendo que cumple la normativa vigente y que sus datos personales están protegidos en todo el proceso digital.

La gestión digital de la información implica no solo el uso de herramientas tecnológicas, sino también la aplicación de normas, medidas de seguridad y principios éticos que garanticen un uso responsable de los datos. En el entorno laboral, proteger la información y cumplir la normativa vigente es una responsabilidad compartida por toda la organización.

6.1. Legislación básica sobre protección de datos y privacidad (RGPD y LOPDGDD)

La normativa sobre protección de datos establece cómo deben tratarse los datos personales para garantizar la privacidad y los derechos de las personas. En el ámbito laboral, esta legislación afecta al manejo de datos de trabajadores, clientes y proveedores.

El **Reglamento General de Protección de Datos (RGPD)** es la norma europea que regula el tratamiento de datos personales, mientras que la LOPDGDD adapta su aplicación al marco legal español. Ambas normas obligan a las empresas a tratar los datos de forma lícita, segura y transparente.

Entre los principios básicos destacan:

⮞ Recoger solo los datos necesarios para una finalidad concreta.
⮞ Utilizar los datos de forma adecuada y limitada.
⮞ Garantizar su seguridad y confidencialidad.
⮞ Permitir el ejercicio de derechos como acceso, rectificación o supresión.

El conocimiento de esta legislación permite comprobar la veracidad y la legalidad del uso de la información, evitando tratamientos incorrectos de datos personales.

6.2. Seguridad informática en entornos de trabajo conectados

La seguridad informática en entornos de trabajo conectados es un aspecto fundamental para proteger la información de la empresa y garantizar el correcto funcionamiento de los sistemas digitales. Al trabajar conectados a internet y a redes internas, las empresas se enfrentan a riesgos como accesos no autorizados, robo de información, virus informáticos o pérdida de datos. Por ello, es imprescindible aplicar medidas de seguridad que reduzcan estos riesgos y protejan tanto los equipos como la información que se gestiona.

Algunas medidas básicas de seguridad son:

- **Contraseñas seguras y personales.** Es una de las primeras barreras de protección. Las contraseñas deben ser difíciles de adivinar, combinar letras, números y símbolos, y no deben compartirse con otros compañeros. Utilizar contraseñas distintas para cada servicio evita que un acceso no autorizado comprometa varios sistemas a la vez.
- **Actualización periódica de sistemas y aplicaciones.** Permite corregir fallos de seguridad y proteger los equipos frente a nuevas amenazas. Los programas desactualizados pueden contener vulnerabilidades que facilitan ataques informáticos, por lo que es importante instalar las actualizaciones cuando el sistema lo solicite.
- **No abrir enlaces ni archivos sospechosos.** Especialmente si proceden de remitentes desconocidos o si contienen mensajes alarmantes o poco claros. Muchos ataques informáticos se producen a través de correos electrónicos o mensajes fraudulentos que intentan engañar al usuario para que haga clic en enlaces o descargue archivos maliciosos.
- **Uso de antivirus y cortafuegos.** Ayuda a detectar y bloquear amenazas antes de que causen daños. El antivirus analiza los archivos y programas en busca de *software* malicioso, mientras que el cortafuegos controla el tráfico de red y evita conexiones no autorizadas desde el exterior.
- **Cierre de sesión.** En equipos compartidos es una medida sencilla pero muy importante. Al finalizar la jornada o al abandonar el puesto de trabajo, cerrar la sesión impide que otras personas accedan a la información o realicen acciones en nombre del usuario, protegiendo así la confidencialidad y la seguridad de los datos.

Aplicar estas medidas contribuye a garantizar que la información utilizada es fiable y que los sistemas digitales funcionan de forma segura.

6.3. Confidencialidad y ética en la gestión de la información

La **confidencialidad** es un principio fundamental en la gestión digital de la información. El trabajador debe utilizar los datos a los que tiene acceso únicamente para fines profesionales y debe respetar la privacidad de las personas.

La ética digital implica:

- No difundir información interna sin autorización.
- No acceder a datos que no sean necesarios para el trabajo.
- Tratar la información con responsabilidad y respeto.
- Evitar el uso indebido de datos personales o corporativos.

El comportamiento ético refuerza la confianza dentro de la empresa y garantiza un uso correcto y veraz de la información.

6.4. Copias de seguridad y recuperación de datos

Las **copias de seguridad** permiten proteger la información frente a pérdidas accidentales, errores humanos o fallos técnicos. Son una medida esencial para asegurar la continuidad del trabajo y la integridad de los datos.

A continuación, se explican los aspectos clave de las copias de seguridad, fundamentales para proteger la información digital en la empresa:

- **Realizarlas de forma periódica.** Las copias de seguridad deben realizarse con regularidad para que los datos estén siempre actualizados. De este modo, si se produce un fallo técnico, un error humano o una pérdida de información, se podrá recuperar la versión más reciente posible de los datos.
- **Almacenarlas en ubicaciones seguras.** Es importante guardar las copias de seguridad en lugares protegidos, como servidores seguros, sistemas en la nube corporativa o dispositivos externos autorizados. Almacenarlas en una ubicación distinta al equipo principal evita la pérdida total de la información en caso de avería o accidente.
- **Comprobar que se pueden recuperar.** No basta con realizar la copia de seguridad; es necesario verificar periódicamente que los datos pueden restaurarse sin problemas. Esta comprobación asegura que la información estará disponible cuando sea necesario.
- **Protegerlas frente a accesos no autorizados.** Las copias de seguridad contienen información sensible, por lo que deben estar protegidas mediante contraseñas, cifrado u otros sistemas de seguridad. Esto impide que personas no autorizadas accedan o modifiquen los datos almacenados.

La correcta gestión de copias de seguridad garantiza la disponibilidad de información fiable y evita la pérdida de datos importantes.

6.5. Sostenibilidad digital y uso responsable de los recursos tecnológicos

El uso de tecnologías digitales también tiene un impacto ambiental y organizativo. La sostenibilidad digital busca un uso responsable de los recursos tecnológicos, reduciendo los consumos innecesarios y optimizando los medios disponibles.

Las buenas prácticas de sostenibilidad digital son las siguientes:

- Reducir el uso de papel mediante trámites electrónicos.
- Evitar impresiones innecesarias.
- Optimizar el almacenamiento digital.
- Apagar los equipos cuando no se utilicen.
- Valorar el uso de plataformas digitales oficiales frente a gestiones presenciales.

Estas prácticas permiten valorar la utilidad de internet y de las plataformas digitales, favoreciendo una gestión más eficiente, responsable y sostenible.

7. Resumen

La comunicación y la tramitación electrónica forman parte esencial del funcionamiento diario de las empresas actuales. El uso de medios digitales permite transmitir información con rapidez, dejar constancia de las gestiones realizadas y facilitar la relación tanto entre departamentos como con las administraciones públicas. Para ello, es imprescindible conocer las herramientas disponibles y utilizarlas de forma adecuada y responsable.

En primer lugar, la empresa dispone de distintos canales de comunicación digital, como el correo electrónico corporativo, la mensajería interna, las plataformas de comunicación y las videollamadas. Cada canal tiene una finalidad concreta: algunos se emplean para comunicaciones formales que deben quedar registradas, mientras que otros se utilizan para coordinaciones rápidas o consultas inmediatas. Elegir correctamente el canal mejora la organización del trabajo y reduce errores. En todos los casos, es fundamental comprobar la veracidad de la información recibida antes de actuar.

La tramitación electrónica se apoya en el uso de formularios y solicitudes digitales, que sustituyen a los documentos en papel. Estos formularios permiten comunicar incidencias, solicitar permisos, registrar actividades o realizar gestiones administrativas de forma ágil y segura. Su correcta cumplimentación, revisión y envío garantiza que los trámites queden registrados y puedan ser consultados posteriormente, tanto dentro de la empresa como en organismos externos.

Otro elemento clave es la firma digital y los certificados electrónicos, que permiten identificar al usuario en el entorno digital y otorgar validez legal a los documentos electrónicos. Gracias a ellos, es posible firmar contratos, autorizar solicitudes y realizar trámites oficiales sin necesidad de presencia física. La verificación de la validez de las firmas y certificados es imprescindible para asegurar la autenticidad de la información y evitar fraudes.

Por último, las páginas institucionales ofrecen información oficial y servicios electrónicos para la realización de trámites administrativos. Saber reconocer una página institucional fiable, comprobar su autenticidad y valorar su utilidad permite acceder a información veraz, actualizada y segura. El uso adecuado de estos recursos facilita la gestión administrativa y refuerza la competencia digital necesaria en el entorno laboral actual.

Ejercicios de autoevaluación
Unidad de Aprendizaje 3

1. ¿Qué canal de comunicación digital es más adecuado para enviar instrucciones oficiales que deben quedar registradas?

    a. Mensajería instantánea
    b. Llamada telefónica
    c. Correo electrónico corporativo
    d. Videollamada

2. ¿Para qué se utiliza principalmente la mensajería instantánea corporativa?

    a. Para enviar documentos oficiales.
    b. Para consultar manuales de la empresa.
    c. Para resolver dudas rápidas y coordinar tareas.
    d. Para firmar documentos digitales.

3. ¿Qué ventaja principal tienen los formularios electrónicos frente al papel?

    a. Requieren menos información.
    b. No necesitan revisión.
    c. Permiten registrar y seguir los trámites.
    d. Solo se usan en la Administración.

4. Antes de enviar un formulario electrónico, es importante:

    a. Enviarlo lo antes posible.
    b. Revisar que los datos sean correctos.
    c. Guardarlo solo en el equipo personal.
    d. Imprimirlo.

5. ¿Qué garantiza la firma digital en un documento electrónico?

    a. Que el documento sea gratuito.
    b. Que se pueda imprimir.

    c. Que la identidad del firmante y la integridad del documento sean correctas.
    d. Que no se pueda modificar nunca.

6. ¿Qué es un certificado electrónico?

    a. Un documento en papel escaneado
    b. Un archivo digital que identifica al usuario
    c. Un correo electrónico oficial
    d. Una contraseña de acceso

7. ¿Cuál es una característica de una página institucional fiable?

    a. Contiene publicidad.
    b. Tiene dominio oficial y conexión segura.
    c. Solicita datos sin identificar al organismo.
    d. No muestra fechas.

8. ¿Qué trámite puede realizarse habitualmente en una página institucional?

    a. Comprar productos.
    b. Solicitar certificados oficiales.
    c. Enviar mensajes personales.
    d. Editar documentos internos.

9. ¿Qué medida mejora la seguridad informática en el trabajo?

    a. Compartir contraseñas.
    b. No actualizar los sistemas.
    c. Abrir todos los enlaces recibidos.
    d. Usar contraseñas seguras y personales.

10. ¿Por qué es importante guardar los justificantes de un trámite electrónico?

    a. Para imprimirlos más tarde.
    b. Para enviarlos por mensajería.
    c. Para poder comprobar el trámite realizado.
    d. Para cumplir con las exigencias del navegador.

Glosario

Acceso a la información
Capacidad de localizar, consultar y utilizar datos y documentos almacenados en sistemas digitales, redes informáticas o plataformas *online,* respetando los permisos y las normas establecidas.

Administración electrónica
Conjunto de servicios, procedimientos y trámites que las Administraciones públicas ofrecen a través de medios digitales, permitiendo a ciudadanos y empresas realizar gestiones sin desplazamientos físicos.

Almacenamiento en la nube
Servicio que permite guardar archivos en servidores remotos accesibles a través de internet, facilitando el acceso desde distintos dispositivos.

Aplicaciones ofimáticas
Programas utilizados para crear y gestionar documentos, hojas de cálculo, presentaciones y otros archivos necesarios en la tramitación digital.

Archivo compartido
Documento almacenado en un espacio común al que pueden acceder varias personas, según los permisos asignados.

Autoría
Identificación de la persona, entidad u organismo responsable de la creación y publicación de un documento o contenido digital. Es un elemento clave para comprobar su fiabilidad.

AutoFirma
Aplicación oficial utilizada para firmar electrónicamente documentos en trámites administrativos.

Búsqueda activa

Proceso planificado de localización de información, que implica definir la necesidad, seleccionar el entorno adecuado y evaluar los resultados obtenidos.

Búsqueda avanzada

Técnica que utiliza operadores, filtros y criterios específicos para localizar información de forma más precisa en motores de búsqueda.

Canales de comunicación digital

Medios utilizados por la empresa para transmitir información, como correo electrónico, mensajería interna o plataformas corporativas.

Carpeta compartida

Espacio digital que agrupa archivos accesibles por varios usuarios para facilitar el trabajo colaborativo.

Certificado electrónico

Archivo digital que identifica a una persona o entidad y permite realizar trámites y firmas con validez legal.

Comunicación electrónica

Intercambio de información a través de medios digitales dentro o fuera de la organización.

Confidencialidad

Principio que obliga a proteger la información y evitar su divulgación no autorizada.

Copia de seguridad *(backup)*

Duplicado de archivos o datos que se guarda en un soporte alternativo para evitar pérdidas de información.

Correo electrónico corporativo

Canal formal de comunicación utilizado para enviar información oficial y documentada dentro de la empresa.

Descarga segura

Proceso de obtención de archivos desde internet o desde plataformas digitales comprobando la fuente, el tipo de archivo y la ausencia de riesgos.

Documento digital

Archivo creado, almacenado y gestionado en formato electrónico, que puede incluir textos, imágenes, datos o formularios, con validez administrativa o profesional.

Extranet
Red privada que permite a una organización compartir parte de su información con personas externas autorizadas, manteniendo controles de acceso y seguridad.

Firma digital
Mecanismo electrónico que garantiza la identidad del firmante y la integridad de un documento digital.

Flujo de información
Recorrido que siguen los datos desde que se generan hasta que se utilizan o se archivan, pasando por distintas fases de gestión.

Formulario electrónico
Documento digital diseñado para recopilar información de forma estructurada a través de internet.

Fuente fiable
Origen de información que ofrece garantías de veracidad, rigor, actualidad y coherencia.

Gestión de la información
Conjunto de acciones destinadas a recoger, organizar, almacenar, compartir y proteger los datos necesarios para el funcionamiento de una organización.

Gestión de versiones
Control de las distintas modificaciones de un documento para identificar la versión más reciente y evitar duplicidades.

Historial de versiones
Función que permite consultar cambios anteriores realizados en un archivo colaborativo.

Identificación electrónica
Sistema que permite reconocer de forma segura a un usuario en plataformas digitales mediante credenciales o certificados.

Información administrativa
Datos y documentos relacionados con trámites, solicitudes, facturas, contratos o certificados.

Información operativa
Información generada en el desarrollo diario de las actividades, como registros de tareas, incidencias o control de procesos.

Información técnica
Documentación que describe características, instrucciones o especificaciones de productos, equipos o servicios.

Internet
Red global que conecta millones de dispositivos y permite el acceso a información, servicios y plataformas digitales.

Intranet
Red informática privada de una empresa u organización que centraliza documentación, procedimientos y comunicaciones internas.

Justificante de envío
Comprobante que confirma que un trámite o formulario se ha enviado correctamente.

LAN *(local area network)*
Red local que conecta los equipos de un mismo espacio físico, permitiendo compartir información y recursos.

Mensajería instantánea corporativa
Herramienta de comunicación rápida utilizada para coordinaciones internas entre trabajadores.

Motor de búsqueda
Servicio que indexa páginas web y permite localizar información mediante palabras clave.

Navegador web
Aplicación informática utilizada para acceder a páginas web y servicios *online*.

Normativa de protección de datos
Conjunto de leyes que regulan el tratamiento de datos personales, como el RGPD y la LOPDGDD.

Organización de archivos
Clasificación estructurada de documentos mediante carpetas, nombres y criterios que facilitan su recuperación.

Página institucional
Sitio web oficial perteneciente a una Administración pública u organismo reconocido.

Permisos de acceso
Configuración que determina qué acciones puede realizar cada usuario sobre un archivo o carpeta.

Plataforma digital
Entorno *online* que centraliza servicios, documentos o herramientas para la gestión de información.

Protección de datos personales
Medidas destinadas a garantizar la privacidad y los derechos de las personas.

Red informática
Conjunto de dispositivos interconectados que comparten información y recursos.

Registro de información
Proceso de anotación y almacenamiento de datos para su posterior consulta o uso.

Sede electrónica
Plataforma oficial de una Administración pública desde la que se realizan trámites electrónicos con validez legal.

Seguridad de la información
Medidas técnicas y organizativas destinadas a proteger los datos frente a accesos no autorizados, pérdidas o alteraciones.

Seguridad informática
Conjunto de prácticas y herramientas que protegen los sistemas digitales frente a amenazas.

Solicitud electrónica
Petición realizada a través de un formulario o plataforma digital.

Sostenibilidad digital
Uso responsable de la tecnología para reducir el impacto ambiental y optimizar recursos.

Trazabilidad
Capacidad de seguir el historial completo de un documento o de un dato desde su origen hasta su uso final.

Trámite electrónico
Gestión administrativa realizada íntegramente por medios digitales.

Validez legal

Reconocimiento jurídico de un documento o trámite realizado por medios electrónicos.

Veracidad de la información

Grado en que los datos son correctos, auténticos y coherentes con la realidad.

Verificación de fuentes

Comprobación de la autoría, fecha, origen y coherencia de un documento digital.

Verificación del remitente

Comprobación de la identidad de quien envía una comunicación digital para evitar fraudes.

Bibliografía

Monografías

→ FERNÁNDEZ, A.: *Organización de archivos físicos y electrónicos en la empresa*. Madrid: Ediciones Paraninfo, 2021.

    Presenta métodos prácticos de clasificación, conservación y acceso a documentos en distintos soportes, adaptados al entorno laboral actual.

→ GARCÍA, P.: *Procesos administrativos en el entorno empresarial*. Madrid: McGraw-Hill, 2019.

    Aborda los procedimientos administrativos básicos, el uso de herramientas digitales y la gestión de la documentación en la empresa.

→ LÓPEZ, M.: *Gestión documental y archivo en entornos digitales*. Madrid: Editorial Síntesis, 2022.

    Explica los principios de la gestión documental digital, la organización de la información y la transición del archivo físico al electrónico en empresas y administraciones.

→ SÁNCHEZ, R.: *Digitalización, sostenibilidad y eficiencia en los procesos administrativos*. Barcelona: Marcombo, 2020.

    Analiza la digitalización como elemento clave para mejorar la eficiencia, reducir el uso del papel y optimizar los trámites administrativos.

Documentos electrónicos

→ Agencia Española de Protección de Datos (AEPD), de: <https://www.aepd.es>.

    Publica guías y materiales sobre el tratamiento adecuado de datos personales en entornos digitales y administrativos.

→ Agencia Tributaria. Sede electrónica, de: <https://www.agenciatributaria.es>.

    Permite consultar y realizar trámites administrativos *online,* como certificados, declaraciones y gestiones fiscales.

→ Fábrica Nacional de Moneda y Timbre (FNMT), de: <https://www.sede.fnmt.gob.es>.

> Proporciona información sobre certificados digitales, firma electrónica y sistemas de identificación digital.

→ *Google Workspace*. Centro de aprendizaje, de: <https://support.google.com>.

> Explica el uso de formularios electrónicos, documentos colaborativos y herramientas *online* utilizadas habitualmente en empresas.

→ Instituto Nacional de Ciberseguridad (INCIBE), de: <https://www.incibe.es>.

> Aporta recursos formativos y recomendaciones sobre seguridad de la información, protección de datos y uso seguro de herramientas digitales.

→ Portal de la Administración Electrónica (Gobierno de España), de: <https://administracionelectronica.gob.es>.

> Ofrece información oficial sobre trámites electrónicos, certificados digitales, firma electrónica y uso de sedes electrónicas.

→ Seguridad Social. Sede electrónica, de: <https://sede.seg-social.gob.es>.

> Incluye trámites y solicitudes electrónicas relacionadas con la vida laboral, la afiliación y los certificados oficiales.